Viktor Weichbold

Zum Verhältnis empirischer und theologischer Sätze in der Praktischen Theologie

Verlag Dr. Kovač

VERLAG DR. KOVAČ

Louise-Schroeder-Str. 31 · 2000 Hamburg 50 · Tel. 040-380 57 75 / 76 · Fax 040-389 56 20

CIP-Titelaufnahme der Deutschen Bibliothek

Weichbold, Viktor:

Zum Verhältnis empirischer und theologischer Sätze in der Praktischen Theologie./

Viktor Weichbold. - Hamburg: Kovač, 1992
ISBN 3-86064-058-5

Inhalt:

1. EINLEITUNG

1.1. Die Problemstellung

1. In den vergangenen 20 Jahren hat sich die Praktische Theologie zu einer Disziplin entwickelt, die in theoretischer wie methodischer Hinsicht sehr deutlich an den Konzepten der empirischen Humanwissenschaften orientiert ist. Dies zeigt sich im besonderen daran, daß die empirische Forschungsmethodik heute ein integrierter Bestandteil des praktisch-theologischen Arbeitsinstrumentariums ist, sowie daran, daß die systematische Gewinnung empirischer Daten als wichtige Voraussetzung für praktisch-theologische Erkenntnisbildung weitestgehend anerkannt wird.

In dem Maß, wie in den neueren Ansätzen der Praktischen Theologie die empirische Erforschung ihres Gegenstandsbereiches miteinbezogen wurde, wurde nun die Frage laut, wie sich eigentlich 'Theologie' und 'Empirie' zueinander verhalten. Diese Frage, die zu Beginn der Theorie-Diskussion in der Praktischen Theologie (um 1970) noch sehr unter prinzipiellem Gesichtspunkt behandelt wurde[1], stellt sich heute - nachdem die Verbindung von Theologie und Empirie grundsätzlich akzeptiert ist - in folgender Form dar: welcher Art sind die Beziehungen zwischen den Ergebnissen empirischer Untersuchungen (die kirchliche Praxis betreffend) und den theologischen Bestimmungen kirchlicher Praxis? In anderen Worten: In welchen Beziehungen stehen empirische Aussagen über eine bestimmte kirchliche Praxis und theologische Aussagen zu der selben Praxis?

Diese Frage ist zu verstehen auf dem Hintergrund, daß es das Anliegen der Praktischen Theologie ist, theologische und empirische Aussagen miteinander in Beziehung zu bringen. Die Aufgabe der Praktischen Theologie, hinsichtlich der einzelnen kirchlichen

---

[1] Vgl. Mette (1978), 297-302

5

Praxisbereiche handlungsleitendes Wissen zu formulieren, sieht nämlich vor, daß dabei sowohl empirische Erkenntnisse (z.B. über die aktuelle Beschaffenheit einer Praxis) als auch theologische Bestimmungen dieser Praxis miteinbezogen werden. Beide - empirische Erkenntnisse wie theologische Bestimmungen - liegen in Form von Sätzen vor: als empirische Sätze (die einen empirischen Sachverhalt aussagen) und als theologische Sätze (die einen theologischen Sachverhalt aussagen). Die Frage nach dem Verhältnis von Theologie und Empirie konkretisiert sich somit für die Praktische Theologie dahingehend, daß sie die gegenseitigen Beziehungen von theologischen und empirischen Sätzen prüfen muß.

2. Bevor nun die Frage, welcherart das Verhältnis von theologischen zu empirischen Sätzen ist, in theoretischer Hinsicht erörtert wird, erscheint es sinnvoll, kurz die einzelnen Weisen zu nennen, in denen diese beiden Sätze in der Praktischen Theologie in Bezug gebracht werden. Geht man davon aus, daß die in der Praktischen Theologie verwendeten Sätze ausschließlich entweder theologische oder empirische sind[2], so werden diese gewöhnlichhin folgendermaßen aufeinander bezogen:

(a) Zum ersten werden empirische Sachverhalte in theologischer Hinsicht interpretiert: dies ist der Fall, wenn von einem (empirisch gegebenen) Zustand oder Ereignis gesagt wird, was dies 'in theologischer Hinsicht bedeutet'. Beispiele dafür wären die Bezeichnung eines intensiven Erlebnisses als 'Gotteserfahrung' oder die Beurteilung des ideologischen Zustandes einer Gesellschaft als 'Neuheidentum', u.ä. Die Vorgangsweise ist dabei offensichtlich die, daß einem empirischen Satz ein theologischer Satz zugeordnet wird, der eine adäquate theologische Deutung eines empirischen Phänomens ausdrücken soll. Diese Weise der In-Bezug-Setzung theologischer und

---

[2] Außer Betracht bleiben soll, daß auch ethische und rechtliche Sätze in der Praktischen Theologie vorkommen. Diese werden hier nicht mitberücksichtigt.

empirischer Sätze in der Praktischen Theologie wird häufig als '(theologische) Gegenwartsanalyse' bezeichnet.

(b) Zum zweiten werden theologische Sätze herangezogen, um damit die Gestaltung kirchlicher Praxis zu normieren bzw. anzuleiten. Es handelt sich hierbei um Sätze, die theologische Feststellungen über Wesen, Intentionen, Charakteristika, etc. kirchlicher Praxis treffen; diesen Sätzen werden empirische Sätze zugeordnet, welche die theologischen Bestimmungen der Praxis als empirische zum Ausdruck bringen. Dies geschieht insbesonders in der Weise, daß empirische Ereignisse oder Zustände beschrieben werden, in denen sich die Eigenart bzw. die Intention kirchlicher Praxis ausdrückt.

Dabei ist in Betracht zu ziehen, daß die hierzu verwendeten empirischen Sätze (meist) keine faktisch bestehenden empirischen Sachverhalte beschreiben, sondern solche, die erst herzustellen sind. Es handelt sich hierbei um Aussagen, die unter Verwendung einer empirischen Sprache die Ziele und Charakteristika kirchlicher Praxis als empirische Phänomene beschreiben; und obwohl möglicherweise diese Phänomene noch nicht faktisch bestehen, so sind sie doch als (zukünftige!) empirische Ereignisse gemeint. In dieser Hinsicht erscheint es zulässig, die Sätze, anhand derer sie beschrieben werden, ebenfalls als "empirisch" zu bezeichnen. Ein Beispiel für diese Weise der Zuordnung von theologischen und empirischen Sätzen wäre: die theologische Bestimmung "Die Gemeinde ist wie ein Leib, der aus vielen Gliedern besteht" findet ihre Entsprechung beispielsweise in dem empirischen Satz: "In (dem Sozialgebilde) einer christlichen Gemeinde haben alle Mitglieder bestimmte Dienste und Funktionen inne". Oder: der theologische Satz "Der Sonntagsgottesdienst ist der Mittelpunkt des Gemeindelebens" korrespondiert der empirischen 'Zielbeschreibung': "Der Sonntagsgottesdienst wird von allen (möglichst vielen) Gemeindemitgliedern besucht". Diese Weise der In-Bezug-Setzung theologischer und empirischer Sätze ist vor allem im Bereich der Planung und Normierung kirchlicher Praxis üblich.

(c) Eine weitere Weise der In-Bezug-Setzung theologischer und empirischer Sätze ist diejenige, in der theologische Sätze durch empirische kritisiert werden. Sie spielt innerhalb der Praktischen Theologie - verglichen mit den beiden zuvor genannten - nur eine geringe Rolle, ist jedoch innerhalb der Fundamentaltheologie von großer Bedeutung. Es gibt viele Beispiele für diese Art der In-Bezug-Setzung, die in historischer Hinsicht ausgesprochen konfliktreich verlaufen zu sein scheint: "Die Erde ist der Mittelpunkt des Alls", "Der Mensch wurde von Gott geschaffen", "Es gibt nur ein Stammelternpaar der Menschheit" sind einige Beispiele für theologische Sätze, die dieser Art der Kritik (durch empirische Sätze) unterzogen wurden - und in einer bestimmten Hinsicht unterlegen sind. Allerdings kommt diese Art der In-Bezug-Setzung durchaus auch in der Praktischen Theologie vor; etwa in der Kritik bestimmter theologischer Forderungen des Frömmigkeitsverhaltens nach Kriterien der Psychohygiene. .

3. Nun stellt sich aber bei den soeben genannten Weisen der In-Bezug-Setzung von theologischen und empirischen Sätzen die Frage, nach welchen Richtlinien diese In-Bezug-Setzung eigentlich vor sich geht. Mit anderen Worten: ist das Verhältnis dieser Sätze zueinander hinreichend geklärt, sodaß beispielsweise theologische Sätze mit empirischen als äquivalent betrachtet werden dürften, oder daß empirische aus theologischen abgeleitet werden dürften, oder daß theologische durch empirische Sätze kritisiert werden dürften? Diese Frage ist vor aller gegenseitigen In-Bezug-Setzung zu klären, da anzunehmen ist, daß das Verhältnis, das zwischen theologischen und empirischen Sätzen besteht, die Art ihrer gegenseitigen In-Bezug-Setzung bestimmt (oder zumindest beeinflußt).

Es läßt sich vermuten, daß viele der (historischen wie gegenwärtigen) Probleme, die sich in diesem Zusammenhang ergeben bzw. ergeben haben (z.B. jene mit den drei genannten Sätzen aus der Fundamentaltheologie), darauf zurückzuführen sind, daß bezüglich des Verhältnisses von theologischen und empirischen Sätzen ein Mißverständnis bestand: theologische Sachverhalte wurden entweder überhaupt mit empirischen Sachverhalten gleichgesetzt (wie im Falle von: "Der Mensch wurde von Gott geschaffen", oder: "Es gibt genau ein Stammelternpaar der Menschheit") oder aber es wurde mit ihnen allzu schnell ein eindeutiger empirischer Sinn verbunden ("Die Erde ist der Mittelpunkt der Welt"). Umgekehrt wurden aus empirischen Behauptungen Konsequenzen gezogen, denen theologische Geltung zuerkannt wurde, wobei ebenfalls die Problematik eines solchen Vorgehens nicht bedacht wurde.

Auf der anderen Seite steht fest, daß die genannten Arten der In-Bezug-Setzung von theologischen und empirischen Sätzen real durchgeführt werden, daß also Theologen, Pfarrer, Gläubige,... solche Beziehungen herstellen und der Überzeugung sind, daß dies sowohl möglich als auch sinnvoll ist. Und schließlich betrachtet es die Praktische Theologie als eine ihrer wichtigsten Aufgaben, zwischen theologischen und empirischen Sätzen die genannten Beziehungen herzustellen.

4. In Anbetracht dieses Zwiespalts - daß die gegenseitige In-Bezug-Setzung der beiden Satzklassen eifrig praktiziert wird, doch zugleich sehr konfliktträchtig ist - ist es erstaunlich, daß es innerhalb der Praktischen Theologie keine Theorie gibt, die dieses Verhältnis der beiden Satzklassen oder ihre Vermittlung zum Gegenstand hätte. Eine Durchsichtung der entsprechenden (neueren) Fachliteratur ergibt dazu folgenden Befund:

Im ersten Band des "Handbuchs der Pastoraltheologie"[3], werden bei den Methoden der Praktischen Theologie (S.100ff.) zwar die "theologisch-soziologische Analyse und Deutung" der Gegenwartssituation sowie die "Erarbeitung von Anweisungen für den je jetzt aufgegebenen Vollzug der Kirche" genannt (S.102), jedoch findet sich keine Beschreibung der diesbezüglich vorzunehmenden Operationen sowie ihrer methodischen Kriterien.

Im "Praktisch-Theologischen Handbuch"[4] wird unter dem Stichwort "Verstehen" auf "Grundzüge einer empirisch-theologischen Hermeneutik" (S.511ff.) Bezug genommen, doch lassen die Ausführungen hierzu nur spärlich erahnen, in welcher Beziehung empirische und theologische Sätze gesehen werden: "theologische Aussagen ... formulieren eine Zukunftsorientierung, die aufgrund der Verheißungen schon besteht, aber der empirischen Klärung und rationalen Überprüfung bedarf, weil sie nur im Kontext menschlicher Orientierungen erhoben werden kann" (S.512). Konkretere Angaben über die Weise, in der die "Zukunftsorientierung" empirisch "geklärt" und "rational überprüft" wird, werden nicht gemacht.

In dem für die gegenwärtige Praktische Theologie programmatischen Artikel "Praktische Theologie als Handlungs-wissenschaft"[5] konzipiert der Autor, Rolf Zerfaß, ein Modell der Verfahrensweise, anhand der die Praktische Theologie zu Handlungsanweisungen für die kirchliche Praxis gelangt: darin hebt er hervor, daß sich Handlungsanweisungen nur aus der Berücksichtigung sowohl theologischer Sätze (Zerfaß spricht vom "geltenden Überlieferungsanspruch") als auch empirischer Sätze (als "empirische Situationserhebungen" bezeichnet) gewinnen lassen, gibt aber nur spärliche Hinweise, wie dies konkret vor sich geht: "... das [empirisch] erhobene Datenmaterial liefert als solches noch

---

[3] Arnold/u.a. (1964)
[4] Otto (1970)
[5] Zerfaß, in: Klostermann/Zerfaß (1974) 164-177.

keine Handlungsanweisungen, sondern muß zunächst mit dem geltenden Überlieferungsanspruch konfrontiert werden..." (S.168). Weiters spricht er in diesem Zusammenhang von einer "wechselseitigen Anfrage der Daten an die Überlieferung und der Überlieferung an das Datenmaterial" (ebda.), ohne einzelne Aspekte der "wechselseitigen Anfrage" näherhin zu erörtern. Wenngleich Zerfaß das Problem, das sich mit der Verwendung empirischer und theologischer Sätze in der Praktischen Theologie ergibt, erkannt und thematisiert hat, konnte auch er keine klaren Kriterien formulieren, nach denen diese Sätze in Bezug zu bringen seien.

In seinem Buch "Grundlegung der Praktischen Theologie" betont Gerd Otto[6] die Notwendigkeit, in die Praktische Theologie sozialwissenschaftliche Fragestellungen und Methoden aufzunehmen (S.79) und erinnert (unter Bezug auf Schleiermacher), daß "die Theologie allererst im Zusammenspiel mit anderen Wissenschaften zu sich selbst kommt" (ebda.), gibt aber des weiteren keine Hinweise, nach welchen Richtlinien dieses Zusammenspiel stattfinden soll. Auch die von ihm erörterten Beispiele von "Reflexionsperspektiven" der Praktischen Theologie (S.85ff.), an denen gezeigt werden soll, wie die Praktische Theologie "...in unterschiedlichsten Problembeständen zur kritischen Theorie religiös vermittelter Praxis in der Gesellschaft" (S.79) wird, erwecken eher den Eindruck, intuitiv gefunden als nach ausgewiesenen methodischen Kriterien entwickelt zu sein.

Helmut Peukert unternimmt in seinem Buch "Wissenschaftstheorie - Handlungstheorie - Fundamentaltheologie"[7] eine erstaunenswert umfassende und detaillierte Analyse der wissenschaftstheoretischen Diskussionen dieses Jahrhunderts, in der er insbesondere die Probleme und Aporien diverser wissenschaftstheoretischer Konzepte zur Sprache bringt. Beim Versuch allerdings, das eigene

---

[6] Otto (1986)
[7] Peukert (1988)

theologische Konzept zu entwickeln, geht es nicht weniger problematisch bzw. aporetisch her: denn daß der Wirklichkeitsbezug einer Theorie in der Analyse der Praxisstruktur des kommunikativen Handelns (S.341) gewonnen wird, ist - wenn überhaupt verständlich - schwer einsehbar. In welcher Weise sich dabei die Sätze der Theologie zu den Sätzen der empirischen Wissenschaften verhalten, wird von Peukert nicht erörtert; er scheint diesbezüglich keine Probleme zu sehen.

Paul M. Zulehner geht im ersten Band "Fundamentalpastoral"[8] seines vierbändigen Werkes "Pastoraltheologie" auf die Fragestellung des Verhältnisses von theologischen zu empirischen Sätzen ebenfalls nicht ein.

Johannes A. van der Ven hat mit dem "Entwurf einer empirischen Theologie"[9] das bisher elaborierteste Konzept einer Praktischen Theologie vorgelegt, die die empirische Erforschung kirchlicher Praxis und Praxisbedingungen zur Aufgabe hat. Zugleich ist er der Autor, der dem Problem des Verhältnisses von Theologie und Empirie als erster mit einer detaillierten Lösung begegnet - wenngleich diese Lösung nicht in allen Punkten akzeptabel erscheint. Da sie aber auf jeden Fall für die aktuelle praktisch-theologische Grundlagendiskussion von großer Bedeutung ist, soll sie an dieser Stelle näher erörtert werden:

Van der Ven beschreibt die methodische Verfahrensweise der Praktischen Theologie als einen "empirisch-theologischen Zyklus", der aus mehreren Einzelschritten ("Phasen") besteht. Einen dieser Einzelschritte - jenen, in dem die Beziehung zwischen theologischen und empirischen Feststellungen expliziert wird - bezeichnet er als die "Phase der theologischen Deduktion": in dieser Phase werden theologische Begriffe durch Operationalisierung zu empirischen

---

[8] Zulehner (1989)
[9] Van der Ven (1990)

Begriffen (S.155). Van der Ven trifft hierbei keine Unterscheidung zwischen theologischen und nicht-theologischen theoretischen Begriffen (Konstrukten, Konzepten), da er zuvor festgelegt hat, daß sich die Theologie nicht mit transzendenten Gegebenheiten (Gott), sondern mit dem (empirisch realisierten) Glauben der Kirche an Gott beschäftigt (S.118ff.). In dieser Hinsicht scheint er theologische theoretische Begriffe (wie beispielsweise "Erlösung", "Gnade",...) von vornherein als psychologische bzw. soziologische Konzepte zu behandeln, die de facto empirisch überprüft werden. Obwohl nun Van der Ven zugeben muß (S.124), daß er mit dieser Ansicht - daß die Theologie ihre Erkenntnis (auch) aus der empirischen Untersuchung der Gegenwart gewinnt - keinen großen Rückhalt im traditionellen Verständnis der Theologie findet, kann er doch ein interessantes Argument zur Stützung seiner Position beiziehen: nämlich jenes, daß sich kirchlicher Glaube in der Begründung seiner Authentizität stets auf den 'consensus fidelium' berufen hat - wobei Van der Ven dem Begriff "consensus fidelium" eine empirische Interpretation gibt. "Consensus fidelium" bezeichnet demnach den empirisch realisierten Glauben der Kirche, der als solcher eine Quelle der Theologie ist und nicht anders als durch empirische Forschung untersucht werden kann.

Diese Argumentation ist gewiß bedenkenswert; sie löst das Problem des Verhältnisses von Theologie und Empirie aber in einer Weise, die - vor allem für die Theologie - nicht annehmbar erscheint. Die Theologie könnte solcherart wohl nur feststellen, ob (bzw. in welchem Ausmaß) bestimmte Sätze geglaubt werden oder nicht; aber es wäre ihr nicht möglich, über die Wahrheit oder Falschheit ihrer Sätze zu entscheiden. Denn die Verifikation eines theologischen Satzes wäre erst dadurch gegeben, daß dieser Satz zu allen Zeiten geglaubt wurde (noch dazu von allen oder zumindest den meisten Gläubigen!) - also könnten theologische Sätze allenfalls als (mehr oder weniger) 'bewährt' bzw. 'anerkannt' bezeichnet werden, nicht jedoch als 'wahr'. Umgekehrt ergäben sich gravierende Probleme in dem Fall, daß bestimmte theologische Sätze von einer (historisch umschriebenen) Glaubensgemeinschaft abgelehnt würden: damit wäre eine Art Falsifikation dieser Sätze geschehen - was allerdings innerhalb der Theologie keinesfalls solcherart gewertet wird. Die Tatsache beispielsweise, daß in empirischen Studien manchmal festgestellt wird, daß ein Großteil der Befragten bestimmte Glaubenslehren nicht anerkennt, bedeutet keine Aufgabe oder Einschränkung der Wahrheit dieser Glaubenslehren.

Es scheint also, daß Van der Vens Vorschlag, wie das Verhältnis von Theologie und Empirie zu sehen ist, eher neue Probleme schafft denn alte löst. Abgesehen davon findet er zu wenig Stützung im traditionellen Selbstverständnis der Theologie, die sich durchaus als eine Disziplin versteht, die (auch) von transzendenten Gegenständen (in direkter Weise!) handelt. Somit ist sowohl die Voraussetzung, unter der Van der Ven seinen Lösungsvorschlag ausarbeitet, als auch der Lösungsvorschlag selbst keine akzeptable Basis für die Arbeit der Praktischen Theologie.

5. Während es nun im Rahmen der praktisch-theologischen Fachliteratur nur wenig explizite Thematisierung und Explizierung dieses Problems gibt, finden sich anderswo - nämlich innerhalb der wissenschaftstheoretischen Literatur - eine Vielzahl von Untersuchungen und Überlegungen zum Verhältnis religiöser (bzw. theologischer) und empirisch-wissenschaftlicher Aussagen[10]. Hierbei bestehen allerdings sehr unterschiedliche Auffassungen über dieses Verhältnis:

---

[10] Vgl. beispielsweise die diversen Beiträge in: Dalferth (1974), weiters: Bochensky (1968), 54ff., Grabner-Haider (1974), 124ff., Morscher, in: Weinzierl (1974), 342ff, Gatzemeier (1975), 16ff., Weingartner (1978), 152ff.

Eine erste Gruppe von Autoren ist diesbezüglich der Ansicht, daß es sich bei keinem in einer religiösen Sprache formulierten Satz um eine Aussage handelt, die sich auf faktische Gegebenheiten bezieht; religiöse bzw. theologische Sätze seien vielmehr ein Ausdrucksmittel für innere, gefühlshafte Zustände. Eine Untersuchung hinsichtlich ihrer logischen Beziehungen zu empirischen Sätzen ist unter diesen Umständen natürlich sinnlos[11].

Eine zweite Gruppe von Autoren nimmt zwar an, daß auch die religiöse und theologische Rede in Form von Propositionen möglich (und üblich) ist, betont allerdings, daß die religiösen und theologischen Aussagen (zumindest einigen der) logischen, semantischen oder methodologischen Anforderungen, welche an wissenschaftliche Sätze gestellt werden, nicht entsprechen (können)[12]. Je nachdem, wie sehr diese Nicht-Entsprechung hervorgehoben wird, wird dabei die Heterogenität der empirischen und theologischen Sätze betont:

Bei jener Sichtweise, die diese Heterogenität am ausgeprägtesten vertritt, wird ihnen keinerlei gegenseitige Beziehung zuerkannt - da es sich nach dieser Ansicht bei theologischen Sätzen überhaupt um 'sinnlose' oder 'Scheinsätze' handelt.

Bei einer anderen Sichtweise werden theologische Aussagen als 'interpretierende' Aussagen betrachtet; als solche, die keine

---

[11] So beispielsweise Ayer (1970),155: "Da nämlich die religiösen Äußerungen des Theisten gar keine echten Propositionen sind, können sie keinen logischen Bezug zu den Propositionen der Wissenschaft haben."

[12] Diese Position kennt mehrere Varianten: Im strikten Fall wird die theologische Rede (als metaphysische Rede) als "sinnlos" behauptet, da sie gewisse methodologische Forderungen nicht erfüllen kann bzw. gewisse syntaktische Regeln zu verletzen scheint (vgl. Krauth (1970), 131ff). Im anderen Fall werden ihr semantische Unzulänglichkeiten vorgehalten (so bspw. Crombie, in: Dalferth (1974), 96ff., Gatzemeier (1975b), 16ff.), im weiteren die Unerfüllbarkeit methodologischer Kriterien (Flew, in: Dalferth (1974), 84ff.); Morscher, in: Weinzierl (1974), 342ff.). Schließlich gibt es auch "gemäßigte" Positionen, die der religiösen Rede sowohl hinsichtlich ihrer logischen Struktur, ihrer Semantik und der Erfüllbarkeit (einiger) methodologischer Anforderungen ein hohes Maß an Ähnlichkeit mit den Sätzen der empirischen Wissenschaften zuerkennen (so bspw. Bochenski (1968), 54ff.), Weingartner (1978), 152ff.).

Behauptung über faktische Objekte machen, sondern Mitteilungen darüber sind, wie jemand ein Ereignis 'erlebt', was ihm ein Gegenstand 'bedeutet', wie ein bestimmtes Ding auf ihn 'wirkt', u.ä. Die Beziehung der theologischen zu den empirischen Sätzen ist in diesem Fall also nicht logischer, sondern psychologischer Natur: etwa in der Weise, daß bestimmte empirische Sätze gewisse innere Vorgänge (Gefühle) auslösen, die zur religiösen 'Interpretation' der empirischen Sachverhalte führen[13].

In einer dritten Sichtweise schließlich wird auch von theologischen Aussagen anerkannt, daß sie eine Behauptung über eine objektive Wirklichkeit machen, wenngleich sie in mancher Hinsicht von den empirischen Aussagen doch verschieden sind: entweder aufgrund der Eigenart der theologischen Sätze, oder durch die zusätzlichen Voraussetzungen, die zu ihrer Erklärung benötigt werden[14], oder durch die besondere Art ihrer Begründung und Verifizierung[15].

6. Diese - eben skizzierten - Auffassungen können mit Ausnahme der letztgenannten von seiten der Praktischen Theologie unmöglich akzeptiert werden. Die Annahme, daß religiöse und theologische Aussagen in gar keinem oder bestenfalls einem gefühlsmäßig-interpretierenden Bezug zur Wirklichkeit stehen, würde jeden Versuch sinnlos machen, solche Aussagen mit der Wirklichkeit in Beziehung zu setzen - also ihnen beispielsweise handlungsleitende Gültigkeit zuzuerkennen.

Andererseits ist zuzugeben - und wird zumeist auch zugegeben -, daß theologische Sätze nicht in der selben Weise 'gehandhabt' werden wie empirisch-wissenschaftliche Sätze; sie sind sowohl hinsichtlich ihrer Bedeutung als auch ihrer methodischen

---

13 Eine solche Auffassung ist in mehreren Varianten vertreten worden: z.B. religöse Rede als Ausdruck eines "bliks" (Hare, in: Dalferth (1970), 87ff.), also einer Art psychologischer Persönlichkeitskonstitution; oder religiöse Rede als Ausdruck einer gefühlsmäßigen Ergriffenheit von Gegenständen (Wisdom, in: Dalferth, (1970), 63ff.).
14 Vgl. Weingartner (1978), 155, Grabner-Haider (1974), 148f.
15 Vgl. Bochenski (1968), 96: eine "übernatürliche Verifizierung" (?).

Überprüfung von jenen unterschieden - und damit erhebt sich die Frage, was diese Unterschiedenheit impliziert: werden durch sie wirklich zwei gänzlich heterogene Satzklassen gebildet, die durch keinerlei Maßnahmen in Beziehung zu bringen sind - oder handelt es sich nur um eine 'begrenzte' Unterschiedenheit, sodaß zugleich auch Gemeinsamkeiten festgestellt werden können, die einen Brückenschlag zwischen den beiden Satzklassen erlauben?

Der Nachweis des letzteren - daß Gemeinsamkeiten bestehen - ist die Voraussetzung dafür, Praktische Theologie als ein sinnvolles Unternehmen betreiben zu können - d.h. als eine Disziplin, die ein Ziel verfolgt, dessen Verwirklichung überhaupt möglich ist. Denn wäre zwischen theologischen und empirischen Sätzen keinerlei Beziehung - sodaß die Wahrheit der einen ohne geringste Bedeutung für die Wahrheit der anderen wäre und umgekehrt - dann wäre die Arbeit eines Praktischen Theologen vergleichbar mit dem Bauen von Luftschlössern, in deren Räumen die Menschen wohnen sollen.

7. Das Anliegen dieser Arbeit ist es nun, eben dieses Problem zu untersuchen: wie verhalten sich theologische und empirische Sätze zueinander? Ist es möglich, diese Sätze miteinander in Beziehung zu setzen, so wie dies in den oben genannten Weisen der gegenseitigen 'Deutung', 'Ableitung' und 'Kritik' innerhalb der Praktischen Theologie getan wird? Und wenn ja - nach welchen Regeln ist diese In-Bezug-Setzung der beiden Satzklassen zu gestalten?

Diese Fragestellung ist zugegebenerweise vielschichtig. Sie wird deshalb - für den Rahmen dieser Untersuchung - eingegrenzt auf den Bereich der logischen Beziehungen zwischen theologischen und empirischen Sätzen. D.h. es werden vordergründig jene Aspekte untersucht, die die logischen Operationen betreffen, die zwischen theologischen und empirischen Sätzen in Betracht zu ziehen sind sind.

Die Untersuchung wird - in drei einzelnen Abschnitten - folgenden Ablauf nehmen und folgende inhaltliche Ergebnisse erbringen:

Im ersten Teil (= Kapitel 2) wird der Unterschied zwischen theologischen und empirischen Sätzen erörtert und ein Kriterium, das ihre Unterscheidung erlaubt, formuliert werden.[16] Es wird gezeigt, daß dieses Kriterium in der Art der Begründung der Sätze liegt: die Art, in der theologische Sätze begründet werden, unterscheidet sich in fundamentaler Weise von derjenigen, wie empirische Sätze begründet werden. Infolgedessen kann das Prädikat "wahr" (bzw. "falsch") nicht in gleicher, sondern lediglich in analoger Weise von theologischen und empirischen Sätzen ausgesagt werden. Die Analogie der Prädikation von "wahr" zieht mit sich, daß theologische und empirische Sätze (in logischer Hinsicht) als unterschiedliche Klassen von Sätzen zu betrachten sind.

Im zweiten Teil der Untersuchung (= Kapitel 3) werden die Konsequenzen erörtert, die sich aus dem Unterschied zwischen theologischen und empirischen Sätzen ergeben. Dies betrifft im wesentlichen die Unmöglichkeit ihrer gegenseitigen (logischen) Herleitbarkeit und Kritik. Da aufgrund ihrer analogen Wahrheitswerte zwischen ihnen kein direkter Übergang - von einem theologischen zu einem empirischen Satz bzw. umgekehrt - möglich ist, bedarf es zu ihrer Vermittlung eines eigenen Verfahrens, das als 'Applikation' bezeichnet wird: durch dieses Verfahren wird - auf der Basis einer 'bedeutungsmäßigen Korrespondenz' - einem theologischen Satz ein empirischer zugeordnet bzw. umgekehrt. Es

---

[16] Hinsichtlich einer sehr ähnlichen Fragestellung, nämlich der Abgrenzbarkeit der metaphysischen Sätze (wozu meist auch die theologischen Sätze gezählt werden) von den wissenschaftlichen hat es besonders in diesem Jahrhundert eine intensive Diskussion gegeben. Daß die beiden Satzklassen prinzipiell voneinander abgrenzbar sind, wurde häufig angenommen; jedoch konnte noch kein logisches Kriterium formuliert werden, das diese Abgrenzung in zufriedenstellender Weise vornimmt. Karl Popper hat den Versuch, die wissenschaftliche von der metaphysischen Sprache anhand eines logischen Kriteriums abzugrenzen, als "hoffnungslos" bezeichnet (vgl. Krauth (1974), 145) - doch muß eine solche Einschätzung nicht grundsätzlich entmutigen, ein spezifisches Unterscheidungskriterium für theologische und empirische Sätze zu suchen.

wird gezeigt werden, daß nur auf der Basis einer solchen applikativen 'Interpretation' der jeweiligen Sätze die diversen Operationen der gegenseitigen In-Bezug-Setzung durchführbar sind.

Im dritten Teil der Untersuchung (= Kapitel 4) wird schließlich das Verfahren der Applikation genauer beschrieben, wobei im besonderen auf die Prinzipien eingegangen werden soll, die bei der In-Bezug-Setzung der beiden Satzklassen zu beachten sind. Der Grundgedanke, an dem sich die Formulierung dieser Prinzipien orientieren wird, ist jener der Isomorphie der logischen Strukturen von theologischen und empirischen Sätzen, die aufeinander appliziert sind. Das bedeutet, daß jene empirischen Sätze, die (in bestimmter Hinsicht) theologischen Sätzen zugeordnet werden, untereinander in ebendenselben logischen Beziehungen stehen müssen wie die ihnen zugeordneten theologischen Sätze - und umgekehrt. Das Prinzip der Isomorphie der logischen Strukturen von einander applizierten Sätzen wird sich - im Rahmen weiterer Überlegungen in diesem Abschnitt - als überaus wichtige Voraussetzung für die Überprüfung dieser Sätze erweisen, sodaß es (zumindest vorläufig) als ein fundamentales normatives Prinzip in der theoretischen Grundlegung einer empirischen Praktischen Theologie gelten kann.

1.2. Einige terminologische Klärungen

1. Eine Untersuchung, die sich mit den logischen Beziehungen von Sätzen beschäftigt, muß notwendig zu Beginn des Unternehmens klären, was mit dem Ausdruck "Satz" gemeint ist. Die diesbezüglich naheliegende Vorgangsweise, auf Vorarbeiten von Fachleuten - im besonderen von Philosophen oder Logikern - hinzugreifen und deren Terminologie zu übernehmen, ist nur bedingt möglich: allem

Anschein nach sind sich diese Fachleute nicht völlig einig, was sie, wenn sie über Sätze sprechen, damit meinen[17].

Für die vorliegende Untersuchung soll folgende Terminologie Verwendung finden: Mit "Satz" wird ein Bedeutungsgebilde bezeichnet, das entweder als Aussage oder als Norm (oder als Verbindung dieser beiden) verfaßt ist.[18] Eine Aussage ist die Feststellung eines Sachverhalts (wobei darunter auch wertende Feststellungen subsumiert werden), eine Norm die Feststellung, daß ein Sachverhalt geboten ist.

Was nun die Anwendung dieser Terminologie auf den Gegenstand dieser Untersuchung betrifft - nämlich theologische und empirische Sätze -, so steht fest, daß hier nur eine eingegrenzte Menge von 'Sätzen' (im alltagssprachlichen Sinn) in Betracht kommt. Denn die Bedeutungsgebilde, die innerhalb theologischer Rede vorkommen, sind zu einem guten Teil auch solche, die keine Aussagen oder Normen sind, sondern: Bitten, Danksagungen, Lob, Bekenntnisse, u.a. Diese werden durch die vorliegende Untersuchung nicht betroffen; es kommen ausschließlich jene Bedeutungsgebilde in Betracht, die eindeutig als Aussagen oder Normen verfaßt sind. Gleiches ist für die empirischen Sätze in Betracht zu ziehen.

Hinzuzufügen ist, daß "Norm" nicht mit "ethischer Norm" gleichgesetzt werden darf. Unter 'Norm' wird in allgemeiner Weise ein gebotener Sachverhalt verstanden, wobei - im Zweck dieser Untersuchung - insbesondere kirchenpraktische Normen ins Auge gefaßt sind. Das sind Sätze wie z.B.: "Für alle Gemeindemitglieder ist es geboten, den Sonntagsgottesdienst zu besuchen" oder "Der Glaube soll das Leben formen" oder "Schon die Kinder sollen regelmäßig im Glauben unterwiesen werden" u.ä.

---

[17] z.B. Weingartner (1978), 32: "..., daß unter 'Satz' sowohl das schrift-sprachliche Gebilde als auch die Bedeutung (der Inhalt) davon gemeint sein kann".
[18] In Anlehnung an Weingartner, a.a.O.

2. Eine weitere Klärung erfordert der Begriff "Wahrheit", insofern er als Prädikat eines Satzes ausgesagt wird. Was oben bezüglich des Ausdruckes "Satz" gesagt wurde - daß nämlich keine vollständige Einigkeit über seine Bedeutung besteht - gilt für den Ausdruck "Wahrheit" in noch größerem Ausmaß[19]: hier scheinen die Fachleute sogar kontrovers darüber zu sein, was dieser Ausdruck bezeichnet. Obwohl im Zusammenhang der hier behandelten Fragestellung das Problem, worin das Wesen der Wahrheit besteht und wovon richtigerweise gesagt wird, daß es wahr sei, von großer Bedeutung ist, kann hier unmöglich auf die diesbezügliche philosophische Diskussion eingegangen werden. Vielmehr erscheint es durch das Interesse des zügigen Fortgangs der Untersuchung nahegelegt, sich in der Frage, was Wahrheit ist, auf eine Position (Theorie) festzulegen, die - auch wenn sie nicht die einzig mögliche und von allen Problemen bereinigte ist - doch das folgende Kriterium erfüllt: sie steht mit Auffassungen über das Wesen der Wahrheit, wie sie in der Theologie und in den empirischen Wissenschaften im allgemeinen bestehen, (zumindest im wesentlichen) in Übereinklang.

Es handelt sich hier um ein 'pragmatisches Kriterium', das vor allem durch das Interesse dieser Arbeit legitimiert wird. Es sollen ja gewisse methodische Vorgangsweisen in der Praktischen Theologie geklärt werden; dabei erscheint es vernünftig, von jenen Annahmen oder Vorstellungen, die weithin akzeptiert sind, auszugehen. Daß sie weithin akzeptiert sind, kann als Indiz gelten, daß sie sich bisher bewährt haben; und dies wiederum kann der Grund sein, die weiteren Untersuchungen auf ihnen aufzubauen. Sollten sich allerdings zu einem späteren Zeitpunkt schwere Zweifel an ihrer Richtigkeit einstellen, so müssen sie jedenfalls für eine Revision offen sein.

---

[19] Vgl. die in Skirbekk (1989) gesammelte Diskussion zu diesem Thema.

Zieht man nun das genannte Kriterium zur Bestimmung von "Wahrheit" heran, so ist klar, daß hier die sog. 'Korrespondenztheorie der Wahrheit' zugrunde zu legen ist. Sie setzt die Bedingung für das Wahrsein eines Satzes darin fest, daß der vom Satz behauptete Sachverhalt faktisch existiert. "Wahrheit" bedeutet demnach das Übereinstimmen des vom Satz behaupteten Sachverhalts mit der Wirklichkeit; ein Satz ist dann wahr, wenn der von ihm behauptete Sachverhalt (nachgewiesenerweise) wirklich besteht. Diese Ansicht über das Wesen der Wahrheit besteht sowohl traditionellerweise in der Theologie[20] als auch in den empirischen Wissenschaften, deren Methodik ja darauf gerichtet ist, das Bestehen derjenigen Sachverhalte zu überprüfen, die sie in ihren Sätzen (als Hypothesen) behauptet[21].

---

[20] Vgl. Thomas v. Aquin, Quaest. Disput. de veritate, qu. 1, a. 1 und a.3.
[21] Darauf wird noch näher im Kap. 2.3. eingegangen.

2. DIE UNTERSCHEIDUNG THEOLOGISCHER UND EMPIRISCHER SÄTZE

2.1. Sätze der Theologie

1. Der erste Teil der Untersuchung beschäftigt sich mit der Frage, welche Sätze eigentlich als Sätze der Theologie bzw. als spezifisch theologische Sätze zu betrachten sind. Die Beantwortung dieser Frage ist Voraussetzung für die Formulierung desjenigen Kriteriums, anhand dessen theologische Sätze von nicht-theologischen (z.B. mathematischen, logischen, empirischen, ethischen, etc.) Sätzen unterschieden werden können. Zwar würde es dem Anspruch dieser Arbeit genügen, ein Unterscheidungskriterium lediglich für theologische und empirische Sätze zu finden; jedoch wird der Fortgang der Untersuchung zeigen, daß sich ein solches Kriterium von durchaus universaler Geltung - also zur Abgrenzung gegenüber sämtlichen nicht-theologischen Sätzen - angeben läßt.

2. Welche sind nun jene Sätze, die gewöhnlichhin als 'theologische' bezeichnet werden? Worin liegt ihr gemeinsames Merkmal und worin liegt ihre Unterschiedenheit gegenüber anders gearteten Sätzen?

In Verfolgung dieser Frage wäre zunächst denkbar, alle Sätze, die im Rahmen theologischer Disziplinen gebildet werden, als theologische Sätze zu veranschlagen. Demzufolge wären Sätze, die als fachspezifische Aussagen beispielsweise der Systematischen Theologie, der Exegese, der Kirchengeschichte, der Praktischen Theologie, u.a. behauptet würden, als 'theologische Sätze' zu klassifizieren.

Eine solche Vorgangsweise würde aber der Vielfalt der Sätze, die in theologischen Disziplinen gebildet werden, nicht gerecht. Es ist einsichtig, daß die Menge der in theologischen Disziplinen erstellten bzw. behaupteten Sätze weitaus größer ist als die Menge der spezifisch theologischen Sätze. Am Beispiel des Faches Kirchengeschichte wird dies offenkundig: in diesem Fach geht es sogar vorwiegend um historische Feststellungen, denen nicht ohne weiteres ein spezifisch 'theologischer' Charakter zugesprochen werden kann. Ähnliches gilt für Sätze der exegetischen Disziplinen: sie sind zu einem großen Teil als philologische Feststellungen zu betrachten, die sich ebenfalls nicht als 'theologische' Sätze in einem strikten Sinn verstehen. Und natürlich kann das gleiche von allen Fächern der Theologie behauptet werden, insofern sie beispielsweise Feststellungen über ihre eigene Geschichte, über ihre Grundlagen, Quellen oder Methoden machen. Für ein Klassifikationskriterium theologischer Sätze bildet also ihre Einbindung in eine theologische Disziplin (d.h. in die Menge aller in dieser Disziplin verwendeten Sätze) kein hinreichendes Charakteristikum.

3. Eine andere Möglichkeit, ein derartiges Kriterium zu suchen, ist die Betrachtung des behaupteten Sachverhalts: ein theologischer Satz unterscheidet sich - so läßt sich annehmen - von einem nicht-theologischen durch die Behauptung eines spezifisch theologischen Sachverhalts. Doch hierzu stellt sich die Frage, woran ein Sachverhalt als 'spezifisch theologischer' zu erkennen ist: zwar erscheint es als evident, daß der Satz "Gott hat Jesus von den Toten auferweckt" einen theologischen Sachverhalt ausdrückt - allerdings gibt es viele Sätze, die keine derartige Evidenz mit sich führen: "Die Welt ist endlich" beispielsweise, oder: "Das Oberhaupt der Katholischen Kirche ist der Papst". Soferne diese Sätze als theologische gemeint sind, ist zu fragen: woran ist dies zu erkennen?

Daß also theologische Sätze einen spezifisch theologischen Sachverhalt ausdrücken, erscheint zwar als ein naheliegendes (wahrscheinlich tautologisches) Merkmal; aber es erbringt keine Lösung, sondern lediglich eine Umformulierung der oben gestellten

Frage. Sie würde in diesem Fall lauten: was unterscheidet einen theologischen Sachverhalt von einem nicht-theologischen? Das gesuchte Klassifikationskriterium ist also damit nicht gefunden.

4. Ein weiterer Versuch, ein geeignetes Klassifikationskriterium für theologische Sätze zu finden, könnte von der Vermutung ausgehen, daß theologische Sätze einen spezifisch theologischen Begriff an wesentlicher Stelle enthalten - einen solchen Begriff, der im Laufe der Theologiegeschichte zu einem festen Bestandteil der theologischen Fachsprache geworden ist. Spezifisch theologische Begriffe wären beispielsweise: "Gott", "Erlöser", "Gnade", usw.

Aber eine solche Vermutung sieht sich sogleich folgendem naheliegenden Einwand gegenüber: Allzu viele Begriffe werden sowohl in einem theologischen als auch nicht-theologischen Sinn verwendet; und folglich gibt es Sätze, an denen nicht eindeutig zu erkennen ist, ob sie in einem theologischen, empirischen oder juristischen Sinn gemeint sind: "Der Papst ist das Oberhaupt der Katholischen Kirche". Allein anhand der in einem Satz vorkommenden Begriffe erscheint es unmöglich, diesen Satz als einen theologischen zu klassifizieren bzw. von einem nicht-theologischen zu unterscheiden. Daraus ergibt sich, daß das Klassifikationskriterium für theologische Sätze nicht im Vorkommen bestimmter Begriffe in diesen Sätzen liegen kann.

5. Die Suche nach einem derartigen geeigneten Kriterium muß also einen anderen Weg einschlagen. Dabei scheint es naheliegend zu sein, die Art der Begründung theologischer Sätze hierfür zu untersuchen. Wer nämlich einen theologischen Satz als wahr oder falsch behaupten will, muß eben dies begründen können - und es scheint, daß theologische Sätze gegenüber nicht-theologischen ein unterschiedenes Begründungsverfahren haben. Dieser Anschein soll nun im weiteren verfolgt werden, d.h. die Vorgangsweise der Begründung

theologischer Sätze soll in ihrer Eigenart verdeutlicht werden. Es wird gezeigt werden, daß tatsächlich in der unterschiedlichen Art, wie theologische Sätze gegenüber empirischen auf Wahrheit überprüft werden, ein zuverlässiges (hinreichendes) Kriterium für ihre Unterscheidung liegt. Bevor dies im einzelnen erörtert werden kann, ist es jedoch erforderlich, eine prinzipielle Frage zu beantworten, die sich in diesem Zusammenhang stellt:

2.2. Sind theologische Sätze Aussagen?

1. Damit der Versuch, in der Eigenart der Überprüfung theologischer Sätze auf Wahrheit ihr Klassifikationskriterium zu finden, gelingen kann, muß eine wichtige Voraussetzung erfüllt sein: es muß gewährleistet sein, daß es sich bei den hier in Frage stehenden Sätzen um Aussagen handelt. Denn sinnvollerweise kann nur von Aussagen behauptet werden, sie seien wahr oder falsch - soferne an der oben genannten Definition von "Wahrheit" festgehalten wird. Daher muß vorausgesetzt werden werden, daß auch (zumindest einige) theologische Sätze den logischen Status einer Aussage innehaben, damit sie als wahr oder falsch bezeichnet werden dürfen.

Dies ist allerdings bisweilen bestritten worden; einzelne Autoren[22] vertraten die Auffassung, bei religiösen (inkl. theologischen) Sätzen handle es sich insgesamt nicht um die Beschreibung von Tatsachen, sondern um den Ausdruck von Gefühlen oder inneren Erlebnissen. Da nun der Ausdruck von Gefühlen bzw. inneren Erlebnissen weder wahr noch falsch, sondern bestenfalls ehrlich oder unehrlich sein kann, haben die Sätze der Theologie, soweit sie zu den religiösen Sätzen zu zählen sind, nicht den Status von Aussagen. Demnach wären sinnvollerweise nur jene Sätze innerhalb der theologischen Disziplinen als wahr oder falsch bezeichenbar, die als nicht-religiöse in ihr vorkommen, beispielsweise als historische, als philologische, als empirische, u.ä.

---

[22] Bspw. Ayer (1970), 151ff.

Diese Auffassung steht aber nicht im Einklang mit der faktischen Verwendung religiöser Sätze als Aussagen. Gewiß gibt es - wie bereits oben angedeutet - eine Vielzahl von religiösen Sätzen, die keine Aussagen sind; das religiöse Sprechen hat sehr viele Funktionen, beispielsweise Gebet, Homilie, Paränese, Bekenntnis, u.a. Auch der Ausdruck von Gefühlen hat darin seinen bedeutsamen Platz. Aber es gibt unzweifelhaft auch religiöse Sätze, die von ihren Verwendern als Aussagen intendiert sind. Ein Satz wie beispielsweise "Gott hat die Welt geschaffen" oder "Jesus hat die Apostel beauftragt, das Evangelium zu verkünden" wird im allgemeinen von den Gläubigen nicht als Vehikel zum Ausdruck von Gefühlen verstanden, sondern als eine Aussage, die einen Sachverhalt mitteilt.

Demzufolge sieht sich die Behauptung, daß theologische Sätze samt und sonders gar keine Aussagen seien, dem Widerspruch der Fakten gegenüber[23]. Da sich zumindest für einen Teil der theologischen Sätze zeigen läßt, daß sie ihrer Intention nach Aussagen sind, ist es auch sinnvoll, nach deren Wahrheit zu fragen. Mit dieser Feststellung ist dem Versuch, dasKlassifikationskriterium theologischer Sätze in der Eigenart ihrer Begründung auf Wahrheit zu finden, eine letzte Hürde weggeräumt.

2.3. Die Begründung theologischer Sätze

1. Wenn nun anerkannt wird, daß (zumindest einige) theologische Sätze Aussagen sind, dann stellt sich die Frage, ob und auf welche Weise festgestellt werden kann, ob eine solche Aussage wahr oder falsch ist. Wie bereits oben angedeutet, ist die Art der Begründung theologischer Aussagen eine von der der empirischen Aussagen verschiedene. Diese Unterschiedenheit soll nun näher analysiert werden. Zuvor sollen - da es an dieser Stelle angebracht ist - einige

---

[23] Zur Zurückweisung dieser Auffassung vgl. weiters Bochenski (1968), 44f., Morscher, in: Weinzierl (1974), 340f., Grabner-Haider (1974), 125ff.

Klärungen zum Ausdruck "empirische Sätze" sowie zur Eigenart ihrer Begründung vorgebracht werden, um die Unterschiede im Begründungsvorgang deutlicher beschreiben zu können:

In einer allgemeinen Bestimmung ist ein empirischer Satz ein solcher, der einen Sachverhalt ausdrückt, dessen faktisches Bestehen direkt oder indirekt (z.B. an den Folgewirkungen) durch empirische Methoden überprüft werden kann. Es spielt dabei keine Rolle, ob der Sachverhalt faktisch besteht oder nicht (im letzteren Fall ist der Satz, der ihn behauptet, falsch); wichtig ist die prinzipielle Überprüfbarkeit dieses Sachverhalts durch Methoden, die auf das menschliche Sinneswahrnehmungsvermögen bezogen sind. Erst (und nur) durch den methodischen Aufweis, daß der vom Satz behauptete Sachverhalt wirklich besteht, wird ein gegebener Satz hinsichtlich seiner Wahrheit begründet.

Aus diesen Ausführungen geht hervor, daß die Bedeutung von "Wahrheit" in den empirischen Wissenschaften ebenfalls die des Übereinstimmens von behauptetem und faktischem Sachverhalt ist. Erforderlich ist also, um einen Satz als wahr zu bezeichnen, die Übereinstimmung des von ihm behaupteten Sachverhalts mit der Wirklichkeit aufzuweisen. Diese Aufgabe erfüllen die empirischen Methoden, die - nach Maßgabe bestimmter Regeln, Normen und Anforderungen - die Feststellung des Bestehens oder Nicht-Bestehens eines Phänomens in der für die Wissenschaft vorgeschriebenen Weise gewährleisten[24].

---

[24] Normative oder wertende Sätze sind natürlich von dieser Vorgangsweise ausgenommen, d.h. sie werden auf andere Weise (z.B. durch Deduktion aus rational begründeten Normen) begründet. In einigen empirischen Disziplinen spielen solche Sätze aber in folgender Hinsicht eine große Rolle: sie werden implikativ mit Beschreibungen von Handlungen oder Vorgängen verknüpft, sodaß eine Aussage darüber gemacht wird, durch welches Mittel ein Ziel erreicht werden kann. Diese Aussagen, die sog. 'Mittel-Zweck-Relationen', sind hinsichtlich ihres 'Funktionierens' empirisch überprüfbar.

Weiters ergibt sich, daß das spezifische Merkmal eines empirischen Satzes seine Bezogenheit auf eine bestimmte Gruppe von Methoden ist: ein Satz gilt dann als empirischer Satz, wenn der von ihm behauptete Sachverhalt durch zumindest eine dieser (von der Forschergemeinschaft anerkannten und als empirisch bezeichneten) Methoden hinsichtlich seines Bestehens überprüft werden kann. Dabei ist vorausgesetzt, daß innerhalb der Forschergemeinschaft (zumindest weitgehende) Übereinstimmung besteht, daß die genannten Methoden geeignet sind, diese Untersuchung im Sinne des Korrespondenzkriteriums durchzuführen - d.h. daß sie tatsächlich das Feststellen des faktischen Bestehens oder Nicht-Bestehens des Sachverhalts ermöglichen. Die Disziplinen, die ihre Sätze auf diese Weise begründen, werden allgemein als empirische Wissenschaften bezeichnet.

2. Was nun die Theologie betrifft, so ist es offenkundig, daß sie ihre Sätze nicht auf diese Weise - durch Aufweis des behaupteten Sachverhalts anhand empirischer Methoden - überprüft. Nicht zuletzt beinhalten diese Sätze verschiedentlich Begriffe bzw. behaupten sie Sachverhalte, deren Entsprechung zur bzw. Übereinstimmung mit der Wirklichkeit in dieser Hinsicht unüberprüfbar erscheint. Behauptungen wie "Die Kirche ist der mystische Leib Christi", "Jesus ist der Sohn Gottes", u.ä. entziehen sich der Möglichkeit empirischer Überprüfung, sodaß sie in der Folge auch nicht - nach Maßgabe einer solchen Überprüfung - als wahr oder falsch entscheidbar sind. Hinzu kommt, daß theologische Sätze durch empirische Sätze allem Anschein nach nicht kritisierbar sind: wie bereits oben (1.1) angedeutet, gibt es einige theologische Sätze, die in Widerspruch zu Erkenntnissen der empirischen Wissenschaften zu stehen schienen. Und obwohl die Wahrheit der empirischen Sätze mit starken Gründen behauptet werden konnte, wurden die (ihnen widersprechenden) theologischen Sätze nicht als falsch aufgegeben und aus der Theologie ausgeschieden. Diese Tatsache wurde häufig als

Einwand gegen die prinzipielle Überprüfbarkeit solcher Sätze und in weiterer Folge gegen die Bezeichnung der Theologie als einer Wissenschaft herangezogen.[25]

Dieser Einwand hat - gemessen an den gegenwärtigen methodologischen Prinzipien der empirischen Wissenschaften - eine gewisse Berechtigung. Theologische Sätze sind gewiß nicht auf dieselbe Weise überprüfbar wie es von den Aussagen der empirischen Wissenschaften gefordert wird - dies wird gewöhnlichhin von Theologen auch gar nicht behauptet, sondern sogar explizit zurückgewiesen[26]. Für theologische Sätze wird hingegen ein anderes, und zwar nicht-empirisches Überprüfungsverfahren veranschlagt, das aber ebenso einen Nachweis des Bestehens des behaupteten Sachverhalts erbringen soll. Dabei besteht im allgemeinen unter Theologen zwar Übereinstimmung bezüglich der Nicht-Empirizität eines solchen Verfahrens, im einzelnen werden allerdings unterschiedliche Vorgehensweisen zur Verifizierung theologischer Aussagen genannt[27].

3. Wenn nun zugestanden wird, daß theologische Sätze auf andere Weise überprüft werden, so stellt sich natürlich die Frage nach der Legitimität dieser Überprüfung - insbesonders die Frage, ob die Art und Weise, wie nun Theologen de facto die Sätze ihrer Disziplin überprüfen, eine Überprüfung im Sinne des Korrespondenzkriteriums ist. Denn: werden theologische Sätze als wahr oder falsch bezeichnet, so setzt dies voraus, daß der Nachweis, daß eine bestimmte Aussage

---

[25] Ein klassisches Essay dazu stammt von Flew, in: Dalferth (1974), 84ff.; vgl. weiters: Morscher, in: Weinzierl (1974), 342ff., Peukert (1988), 233ff.

[26] Vgl. bspw. Sauter (1973), 316: "Was wir nun unter der Begründung theologischer Aussagen verstehen können, ist ... vorgezeichnet: hier kommt die Wissenschaftslogik zu Wort, m.a.W. ... die Frage nach "wahr" und "falsch", dem Wahrheitswert von Aussagen. Es kommt u.E sehr darauf an, diese Frage nicht mit falschen Forderungen zu belasten, sei es dem Anspruch auf empirische Verifikation,...".

[27] Bspw. durch eine "übernatürliche Verifizierung" (Bochenski (1968), 96); durch "Erschließung (der Wirklichkeit Gottes)" (Peukert (1988), 342, 347, u.ö.); durch "eschatologische Verifizierung" (Hick, in: Dalferth (1974), 152); durch "Sinnerfahrung seitens des religiösen Bewußtseins" (Pannenberg (1973), 336); durch eine "transzendentale Erfahrung" (Rahner (1970), 107); durch die Methode des "Verstehens" (Kehl (1984), 22f); u.a.

wahr und eine andere falsch ist, erbracht werden kann. Das bedeutet: es muß möglich sein, das faktische Bestehen des behaupteten Sachverhalts zu überprüfen. Den empirischen Methoden wird die Eignung dazu allgemein zugestanden; da die Theologie andere als empirische Methoden zur Überprüfung ihrer Aussagen heranzieht, ist es erforderlich, diese Methoden ihrerseits zu prüfen, inwieweit sie ein dem Korrespondenzkriterium der Wahrheit entsprechendes Verfahren sind; mit anderen Worten: ob die Art der Überprüfung der theologischen Sätze tatsächlich das Übereinstimmen einer Behauptung mit der Wirklichkeit aufweisen kann.

Um darauf eine Antwort finden zu können, ist es also erforderlich, den Vorgang der Überprüfung theologischer Sätze genauer zu erörtern. Bei dieser Erörterung liegt das ausschließliche Interesse daran, zu finden, unter welchen Bedingungen theologischen Sätzen das Prädikat "wahr" und unter welchen Bedingungen ihnen das Prädikat "falsch" zugesprochen wird. Daher muß sich die Untersuchung auf die Grundstruktur der Überprüfung theologischer Aussagen richten, also auf jenes methodologische Vorgehen, das (von der theologischen Forschergemeinschaft) unabhängig von den jeweiligen Einzelmethoden des 'Verstehens', 'Erschließens', etc. als die grundlegende Vorgangsweise betrachtet wird (Es hat nämlich ohnedies den Anschein, daß manche der genannten Methoden wie das 'Verstehen' oder 'Erschließen' gar nicht dazu dienen, einen Satz hinsichtlich seiner Wahr- oder Falschheit zu überprüfen, sondern dazu, einen bereits als wahr feststehenden Satz hinsichtlich seiner Bedeutung zu konkretisieren. Es handelt sich hierbei typischerweise um 'hermeneutische Methoden', die dazu dienen, die Bedeutung von Zeichen festzustellen und nicht - wie manchmal irrtümlich angenommen wird - das Bestehen eines Sachverhalts aufzuweisen). Die Frage, die es nun zu untersuchen gilt, ist also: welche sind die grundsätzlichen Kriterien, anhand derer die Wahrheit eines theologischen Satzes aufgewiesen wird, und sind diese Kriterien geeignet, Wahrheit im Sinne der Korrespondenztheorie zu begründen?

4. Üblicherweise werden von jenen, die sagen, daß theologische Sätze auf ihre Wahrheit bzw. Falschheit im Sinne der Korrespondenztheorie hin überprüfbar sind, folgende Methoden vorgeschlagen, um die Verifizierung oder Falsifizierung eines solchen Satzes vorzunehmen: Eine theologische Aussage ist dann wahr, wenn sie zumindest eines der folgenden Kriterien erfüllt: wenn sie

a.) in einem Offenbarungsdokument - einer biblischen Schrift - niedergelegt ist;

oder wenn sie

b.) zwar nicht in einem Offenbarungsdokument niedergelegt ist, jedoch durch die 'kirchliche Tradition' bzw. 'Überlieferung'[28] bezeugt ist, -

"Bezeugung durch die kirchliche Tradition bzw. Überlieferung" ist offensichtlich eine übergreifende Bezeichnung für eine Vielzahl einzelner Möglichkeiten, die Wahrheit eines Satzes aufzuweisen; darunter fallen im einzelnen:
- die Rückführung auf einen anerkannten Zeugen, z.B. einen Apostel[29];
- die Rückführung auf eine anerkannte Autorität (z.B. ein Konzil, eine Synode, ein Kirchenlehrer,...)[30];
- die Rückführung auf eine beständige kirchliche Praxis (d.h. ein Satz gilt als wahr, wenn die von ihm behauptete Praxis bereits

---

[28] Die "Bezeugung durch Schrift oder Tradition" ist die allgemeinste For-mulierung des theologischen Wahrheitskriteriums und findet sich als solche durchgehend in theologischer Fachliteratur. Vgl. beispielsweise Dei Verbum, 7 - 10, in: Rahner/Vorgrimmler (1989),370.
[29] Ebda., 7.
[30] Ebda., 8.

seit sehr langer Zeit besteht oder wenn durch eine seit sehr
langer Zeit bestehende Praxis (z.B. ein Gebet) ein Satz als wahr
proklamiert wird)[31] -

oder wenn sie

c.) aus einem Satz, der durch die in a.) und b.) genannten Instanzen
als wahr ausgewiesen ist, logisch korrekt deduzierbar ist[32].

Die Kriterien a.) bis c.) können dabei vorerst nur zur Verifizierung
von theologischen Aussagen beigezogen werden; läßt sich von einer
theologischen Aussage zeigen, daß sie eines dieser Kriterien erfüllt,
so gilt sie gewöhnlichhin als wahr.

Um eine Falsifizierung eines theologischen Satzes vorzunehmen, sind
hingegen andere Kriterien anzuwenden: Naheliegenderweise ist
anzunehmen, daß eine theologische Aussage dann falsch ist, wenn
sie:

d.) durch eine der in a.) und b.) genannten Instanzen explizit als
falsch zurückgewiesen wurde;

oder wenn sie

---

[31] Hierzu bspw. Thomas v.Aquin (STh II-II, qu. 10. a. 12) im Hinblick auf
die Frage, ob jüdische Kinder gegen den Willen ihrer Eltern getauft
werden sollen: Thomas lehnt dies ab, weil es nicht dem Brauch der Kirche entspricht und weil gilt: "Maßgebendes Ansehen hat der Brauch der
Kirche; ihm ist immer und in allem nachzueifern.".

[32] Als Beleg für diese Auffassung: Melchior Cano, zitiert aus Klinger
(1978),84: "Da also die Wahrheit des Glaubens,..., aus zwei Teilen
besteht, und der eine zum Glauben mittelbar und der andere unmittelbar
gehört, ist es notwendig, zwei allgemeine Vorlagen der Fassungen des
Glaubens sogleich von Anfang an zu unterscheiden. Die erste Fassung
von dem, was in der Theologie legitime Prinzipien sind, werden irgendwie
primäre oder sekundäre Prinzipien sein, d.h. all das, was Gott von sich
selbst der Kirche geoffenbart hat. Die zweite Fassung davon wird jenes
sein, das aus jener ersten notwendig abgeleitet wird. Das Genus der
Schlußfolgerungen gehört in dem Sinn zum Glauben, wie es mit den Dingen
des Glaubens zusammen besteht. Die Ursächlichkeit des Zusammenhangs
zwingt nämlich zur Folgerung, wo die Prämisse zugelassen ist, und
zwingt, die Prämisse abzulehnen, wo auch die Folgerung abgelehnt wird."

e.) zwar durch keine der in a.) und b.) genannten Instanzen zurückgewiesen, jedoch von ihnen weder in direkter noch indirekter Weise bezeugt bzw. belegt wird;

oder wenn sie

f.) entweder selber oder in ihren Konsequenzen in Widerspruch tritt zu einem bereits als wahr feststehenden Satz.[33]

Läßt sich nun von einem theologischen Satz feststellen, daß zumindest eines der in d.) bis f.) genannten Kriterien auf ihn zutrifft, so gilt er als falsch.

5. Nun ist offensichtlich, daß dieses soeben aufgewiesene Vorgehen der Überprüfung theologischer Sätze zwar geeignet ist, einen theologischen Satz zu verifizieren oder zu falsifizieren, allerdings nicht im Sinne der Korrespondenztheorie. Letztere erfordert eine Methode, die den behaupteten Sachverhalt als solchen hinsichtlich seines Bestehens überprüft; die in a.) bis f.) angegebenen Methoden liefern jedoch anstelle dessen nur andere Instanzen, die diesen Sachverhalt als bestehend ausweisen, ohne daß er dabei selber - in unmittelbarer Weise - als bestehend aufgewiesen würde. Es handelt sich also allenfalls um eine 'mittelbare' Überprüfung; und dies macht es erforderlich, diese Instanzen, besonders a.) und b.), einer eigenen Untersuchung bezüglich ihrer Zuverläßigkeit zuzuführen.

6. Als solche Instanzen sind gewöhnlicherweise in Betracht zu ziehen: die Bibel, die Beschlüsse der Konzilien und Synoden, die Lehrschreiben von Päpsten und Bischöfen, die überdauernd bestehende Gebets- und Bekenntnispraxis der Kirche sowie die Abhandlungen einzelner (anerkannter) Theologen. Bei dieser

---

[33] Vgl. Beilner (1981), 155: "Grundlegendes Kriterium der Falsifikation ist auch meines Erachtens das Widerspruchsprinzip. Es ist ... aufgrund der Menge theologischer Sätze christlicher Theologie einwandfrei in christlicher Theologie vorausgesetzt."

Auflistung ist jedoch eine Klärung hinzuzufügen: es stellt sich nämlich die Frage, worum es sich bei diesen Instanzen im konkreten handelt, sodaß sie als Instanzen - also als Autoritäten im Hinblick auf die Entscheidung über wahr oder falsch - fungieren? Oder mit anderen Worten: was ist der Grund dafür, daß die von den Instanzen behaupteten Sätze eine besondere Autorisierung innehaben, die andere - in anderen Dokumenten enthaltene oder von anderen Institutionen geäußerte - Sätze nicht besitzen?

Offensichtlich ist es eine besondere Qualifikation der Urheber dieser Sätze, sodaß der Nachweis, dieser oder jener Satz lasse sich auf jenen Urheber zurückführen, als Kriterium seiner Wahrheit gilt. Wird also die besondere Qualifikation eines Urhebers eines theologischen Satzes - etwa des Verfassers einer biblischen Schrift, der Teilnehmer von Synoden und Konzilien, einzelner Päpste, Bischöfe und Theologen - anerkannt, so wird auch die Wahrheit oder Falschheit dieses Satzes, so wie sie der Urheber ausweist, akzeptiert.

Die Frage ist nun, ob die Prüfung eines theologischen Satzes noch hinter diesen seinen 'Urheber-Aufweis' zurückgeht. Wird der in einem Satz behauptete Sachverhalt als solcher auch noch selbst überprüft - und danach der Satz als wahr oder falsch ausgewiesen - oder ist mit der Berufung auf eine der genannten Instanzen - und damit auf eine besondere Qualität des Urhebers - bereits eine vollständige Überprüfung erfolgt, sodaß hiermit der Entscheidung zwischen 'wahr' oder 'falsch' eine abschließende Grundlage gegeben ist? Offensichtlich ist letzteres der Fall: Der vom Satz selbst behauptete Sachverhalt (z.B. "Es gibt nach dem irdischen Tod ein Leben in einem Jenseits") gelangt nicht mehr als solcher zur Überprüfung, sondern sein Aufweis durch eine der genannten Instanzen wird als hinreichendes Kriterium seiner Wahrheit gewertet.

7. Daraus ergibt sich eine erste wichtige Einsicht für die Klärung der Frage, ob theologische Sätze im Sinne der Korrespondenztheorie wahr oder falsch sind: Wie bereits oben angedeutet, kommt es bei dieser Vorgangsweise der Überprüfung zu keinem direkten Aufweis, daß der von einem Satz behauptete Sachverhalt in der Realität besteht, sondern nur zum Aufweis, daß der von diesem Satz behauptete Sachverhalt von einer der genannten Instanzen als bestehend ausgewiesen wird. Vom Nachweis einer Entsprechung ('Korrespondenz') zwischen behauptetem und wirklichem Sachverhalt kann somit nicht die Rede sein; diese Entsprechung wird ja selber nicht aufgewiesen, sondern aufgrund eines Aktes des Vertrauens in diese Instanz 'geglaubt'. Es wird darauf vertraut, daß die Instanz aufgrund besonderer Voraussetzungen in der Lage ist, die Entsprechung zu erkennen. Das Vertrauen in diese Instanz tritt also an die Stelle eines direkten Aufweises des Bestehens des fraglichen Sachverhalts. Das solcherart beschaffene Vertrauen in eine Instanz wird innerhalb der Theologie häufig "Glaube" genannt; man bezeichnet damit eine personale Beziehung des festen Zutrauens in die Zuverlässigkeit und Wahrhaftigkeit eines Menschen. Dieser Glaube gilt in der Theologie als methodologische Voraussetzung der Erkenntnisgewinnung[34] und wird zugleich als das Charakteristikum der theologischen Erkenntnismethoden - gegenüber den 'profanen' Methoden - ausgewiesen[35].

Aus diesen bisherigen Erörterungen ergibt sich also: Es ist ein (psychischer) Akt - nämlich ein Akt des Vertrauens - die notwendige Bedingung dafür, daß ein theologischer Satz als wahr oder falsch eingesehen werden kann. Der Akt des Vertrauens richtet sich auf die Instanz; diese weist einen Satz als wahr aus, daher wird der Satz als

---

[34] Vgl. Fries (1985), 19: "In der Form des 'Ich glaube an dich' und 'Ich glaube dir' ist Glauben nicht nur ein Akt der Begegnung, sondern eine eminente *Weise des Erkennens*" sowie ebda., 23: "So erschließt sich die *Grundgestalt des Glaubens*: Sein Kern ist das Vertrauen, die Bejahung und Anerkennung der Person und das darin sich manifestierende Erkennen."

[35] Vgl. Gaudium et Spes, 59, in: Rahner/Vorgrimmler (1989), 512: "Die Heilige Synode macht sich daher die Lehre des Ersten Vatikanischen Konzils zu eigen, daß es 'zwei verschiedene Erkenntnisordnungen' gibt, nämlich die des Glaubens und die der Vernunft,..."

wahr geglaubt. In dieser Tatsache liegt ein erstes Kriterium, an dem sich die Unterscheidung von theologischen und nicht-theologischen Sätzen orientieren kann: Wenn zur Begründung eines Satzes ein Akt des Vertrauens in eine diesen Satz ausweisende Instanz erforderlich ist - sodaß dieser Akt des Vertrauens als 'Ersatz' für den direkten Aufweis des Bestehens des vom Satz behaupteten Sachverhalts fungiert -, dann ist dieser Satz ein theologischer Satz.

8. Man könnte allerdings diesem - vorläufigen - Kriterium gegenüber folgenden Einwand erheben: Es ist doch auch in den empirischen Wissenschaften so, daß des öfteren ein Akt des Vertrauens erforderlich ist, um einen Satz als wahr oder falsch einzusehen. Beispielsweise ist es notwendig, einem Wissenschafter, der einen Sachverhalt erforscht hat, zu vertrauen, daß er vom Ausgang der Untersuchung wahrheitsgemäß berichtet; ebenso ist es - seitens des Wissenschafters - notwendig, daß er auf seine Methoden vertraut, daß er also daran glaubt, daß eine spezifische methodische Vorgangsweise zu einem zuverlässigen Ergebnis führt. Diese und weitere Vertrauensakte sind also in ähnlicher Weise wie in der Theologie auch in den empirischen Wissenschaften Voraussetzung für das Zustandekommen von Erkenntnis, sodaß es nicht so scheint, daß gerade darin ein unterscheidendes Merkmal zwischen theologischen und empirischen Sätzen liegt.

Darauf ist folgendes zu antworten: Auch in den empirischen Wissenschaften sind Vertrauensakte erforderlich, doch diese werden nicht als Ersatz für den Aufweis des Bestehens eines Sachverhalts herangezogen. Die Vertrauensakte beziehen sich hier gewissermaßen auf die akzidentellen Bedingungen für die Wahrheit des Satzes: daß der Zeuge der Untersuchung wahrheitsgemäß berichtet, daß die angewandte Methode geeignet war, daß bei der Untersuchung nicht fahrlässig vorgegangen oder ungenau beobachtet wurde, usw. Diese Vertrauensakte werden dabei nicht anstelle des Aufweises, daß der vom Satz behauptete Sachverhalt real existiert, gesetzt. Im Gegenteil:

wenn nämlich Zweifel auftreten, ob etwa eine dieser Bedingungen (z.B. die Glaubwürdigkeit des Zeugen oder die Eignung der verwendeten Methode) den Vertrauensakt nicht rechtfertige, so ist es jederzeit möglich, den Sachverhalt auf andere Weise zu überprüfen (beispielsweise durch eine neuerliche Untersuchung, durch Verwendung anderer Methoden, u.ä.). Dies ist bei theologischen Sätzen aber nicht möglich: die Zuverlässigkeit des Zeugen bzw. der Instanz ist gewissermaßen der letzterreichbare Punkt des Überprüfungsprozesses, der - bei Auftreten von Zweifel - nicht überschritten werden kann bzw. durch eine andersgeartete Überprüfung des Sachverhalts ausgetauscht werden kann. Für theologische Sätze ist somit der (psychische) Vertrauensakt in diesen Zeugen bzw. in diese Instanz die notwendige Voraussetzung, um sie als wahr oder falsch beurteilen zu können; fällt diese Voraussetzung weg, kann man sinnvollerweise nicht mehr von dem einen Satz behaupten, er sei wahr, von dem anderen, er sei falsch.

Fällt jedoch bei empirischen Sätzen die Voraussetzung eines Vertrauensaktes weg, so ist - zumindest prinzipiell - die Überprüfung des behaupteten Sachverhalts aufs neue möglich; und die Entscheidung, ob ein Satz wahr oder falsch ist, kann auf andere Weise - durch eine neuerliche Untersuchung - begründet werden.

9. Somit läßt sich das zuvor aufgewiesene Kriterium der Unterscheidung theologischer und empirischer Sätze noch präziser formulieren: Kann ein Satz nur dann als wahr oder falsch entschieden werden, wenn zugleich ein Akt des Vertrauens in eine Instanz erbracht wird, die diesen Satz als wahr oder falsch ausweist, und ist es bei Wegfall des Vertrauensaktes unmöglich, diesen Satz auf andere Weise zu überprüfen bzw. auf wahr oder falsch zu entscheiden, dann ist dieser Satz ein theologischer Satz. Man kann dies auch in folgenden Worten formulieren: Theologische Sätze sind solche, die ihre Wahrheit ausschließlich unter Bezug auf eine (vertrauend akzeptierte) Instanz erhalten; oder nochmals in anderen Worten:

wenn ein Satz hinsichtlich der Entscheidung über seine Wahrheit oder Falschheit an eine Instanz verwiesen ist, dann handelt es sich bei ihm um einen theologischen Satz.

Es gilt also, wie die bisherige Untersuchung gezeigt hat, von einem beliebigen Satz p:

(1) E(p) -> Ü(p) und

(2) T(p) -> -Ü(p) .36

Und weiters gilt, da ja die Wahrheit eines theologischen Satzes nicht durch direkte (oder indirekte) Überprüfung des Sachverhalts (im Sinne der Korrespondenztheorie) festgestellt werden kann, sondern durch den Nachweis, daß dieser Satz von einer Instanz (als wahr oder falsch) ausgewiesen wird:

(3) I(p) -> T(p)37.

Insgesamt betrachtet ergibt sich also als unterscheidendes Merkmal der theologischen Sätze gegenüber den empirischen, daß sie nicht anhand empirischer Methoden überprüfbar sind, und daß der Nachweis, daß der von ihnen behauptete Sachverhalt wirklich besteht, durch Bezugnahme auf eine (durch einen Vertrauensakt) akzeptierte Instanz (also mittelbar) erbracht wird.

---

36 Es bedeuten: "E(p)": der Satz p ist ein empirischer Satz;
"T(p)": der Satz p ist ein theologischer Satz;
"Ü(p)": der Satz p ist ein mit empirischen Methoden überprüfbarer Satz.
Die vollständige Repräsentierungslegende zu dieser sowie den nachfolgenden Repräsentierungen findet sich im Anhang.
37 Es bedeutet "I(p)": p ist ein (bezüglich seiner Entscheidung auf wahr oder falsch) an eine Instanz verwiesener Satz; vgl. die Repräsentierungslegende im Anhang. Die Repräsentierung von I als eines Prädikats und nicht - wie es sich vom Textsinn her nahelegt - als einer Relation (z.B. als A(h,p): die Instanz h weist den Satz p aus) wird hier deshalb vorgezogen, weil die Eigenschaft des Satzes, 'an eine Instanz verwiesen zu sein', hier im Blickpunkt steht. Nicht die Tatsache, daß ein Satz von einer Instanz ausgewiesen wird, kennzeichnet ihn als theologischen, sondern, daß - um seine Wahrheit zu überprüfen - auf eine Instanz Bezug genommen werden muß (p ist 'ein auf I verwiesener').

10. Gegen diesen nunmehr präzisierten Vorschlag eines Klassifikationskriteriums für theologische Sätze läßt sich aber nochmals ein Einwand vorbringen: Es gibt nämlich auch in jenen Wissenschaften, die ihre Sätze über empirische Gegebenheiten behaupten, gewisse 'Grenzfälle' der Überprüfbarkeit, sodaß ein bestimmter Sachverhalt nicht anders als unter der Voraussetzung eines Vertrauensaktes in einen Zeugen als wahr oder falsch entscheidbar ist.

Dazu gehören beispielsweise manche Sätze der Geschichtswissenschaft: Ihre Begründung geschieht bisweilen ähnlich wie bei Sätzen der Theologie: Insbesondere aus älteren historischen Zeiten sind manchmal nur spärliche Dokumente oder Zeugnisse bestimmter Ereignisse in der Gegenwart vorhanden. Oft ist es ein einzelnes Textdokument, das von diesem oder jenem Geschehnis berichtet - und der Forscher, der darüber eine Untersuchung führt, ist gezwungen, diesem Textdokument zu vertrauen: daß es wirklich aus dieser Zeit stammt, daß es ein wirkliches Ereignis überliefert, daß es dieses Ereignis wahrheitsgetreu wiedergibt. Die Überprüfung, ob dieses Ereignis stattgefunden hat oder nicht bzw. ob es sich so ereignet hat, wie berichtet wird, ist nicht möglich; das Vertrauen in das (möglicherweise einzige) Textdokument ist demnach die notwendige Voraussetzung dafür, eine Aussage über dieses Ereignis als wahr oder falsch zu beurteilen - je nachdem, ob sie mit den Angaben dieses Dokuments übereinstimmt oder nicht.

Diese Art der Begründung erscheint sehr ähnlich der von theologischen Sätzen: in beiden Fällen muß der Forscher einen Vertrauensakt in die Zuverlässigkeit eines Dokumentes setzen, um über Wahr- oder Falschheit eines Satzes urteilen zu können. Dennoch sind theologische und historische Sätze gewöhnlichhin voneinander unterscheidbar; und obwohl manche theologische Sätze einem historischen sehr ähnlich sind ("Gott hat Israel durch das Rote Meer geführt"), besteht in der Forschungspraxis doch kaum Unsicherheit, ob nun ein bestimmter Satz als historischer oder als theologischer zu gelten hat.

11. Es stellt sich also die Aufgabe, das Klassifikationskriterium theologischer Sätze abermals zu präzisieren, sodaß es auch die eben erwähnten 'Grenzfälle' auszuscheiden erlaubt und damit endgültig zwischen empirischen und theologischen Sätzen trennt. Daß nämlich eine prinzipielle Unüberprüfbarkeit theologischer Sätze in empirischer Hinsicht besteht, ist offenkundig und wird von Theologen in keiner Weise bestritten, sondern vielmehr - wie oben festgestellt - als ein Spezifikum dieser Sätze betont. Aber dieses Merkmal alleine genügt - wie sich nun zeigt - noch nicht, um theologische Sätze von den empirischen letztgültig zu unterscheiden. Denn - wie sich gezeigt hat - gilt zwar für einen beliebigen Satz p:[38]

$$(2) \quad T(p) \rightarrow -\ddot{U}(p),$$

sowie (durch Kontraposition von (2)):

$$(4) \quad \ddot{U}(a) \rightarrow -T(a),$$

allerdings gilt nicht:

$$(5) \quad -\ddot{U}(a) \rightarrow T(a).$$

Da also keine eineindeutige Beziehung zwischen empirischer Unüberprüfbarkeit und Zugehörigkeit zur Menge der theologischen Sätze besteht, reicht dieses Merkmal nicht aus, um die vollständige Unterscheidbarkeit empirischer und theologischer Sätze herbeizuführen. Also muß ein weiteres Merkmal theologischer Sätze gesucht werden, um die erhoffte Abgrenzung von anderen Sätzen endlich durchführen zu können.

---

[38] Repräsentierungslegende wie bei Anm. 36.

12. Es ist nun eine dahingehende Präzisierung des Klassifikationskriteriums notwendig, daß es auch gegenüber jenen Sätzen anwendbar ist, die der obigen Forderung nach (prinzipieller) Überprüfbarkeit anhand empirischer Methoden - also durch Beziehung auf Sinneswahrnehmung - nicht entsprechen. Dazu gehören einerseits - wie sich gezeigt hatte - gewisse Grenzfälle innerhalb der empirischen Sätze; andererseits solche Sätze, die als Aussagen über 'ideelle' Gegenstände verfaßt sind. Dies betrifft zum einen die Sätze der Mathematik und Logik sowie die Sätze jener Disziplinen, die über die Bedeutung von Texten oder die Geltung von Normen und Werten Behauptungen aufstellen.

Die Frage ist also: was kommt zusätzlich - zum Vertrauensakt in eine Instanz als Ersatz für die direkte Überprüfbarkeit des Sachverhalts - hinzu, das einen theologischen Satz in eindeutiger Weise von einem nicht-theologischen abgrenzen läßt, soferne auch bei letzterem die empirische Überprüfbarkeit des von ihnen behaupteten Sachverhalts nicht gegeben ist?

Zu der nun geforderten Präzisierung soll folgende Überlegung hinführen: Wie bereits festgestellt, wird die Wahrheit theologischer Sätze durch ihre Rückführung auf eine der oben genannten Instanzen a.) bis c.) bzw. ihre Falschheit durch Rückführung auf die Instanzen d.) bis f.) aufgewiesen. Ein Satz ist wahr, wenn zumindest eine dieser Instanzen ihn als wahr ausweist; ähnlich verhält es sich mit seiner Falschheit. Als diese Instanzen wurden genannt: die Bibel und die im Überbegriff "Tradition" zusammengefaßten Dokumente einzelner Konzilien, Synoden, Päpste, Bischöfe sowie die beständig bestehende Kirchenpraxis. Dazu kommt als weitere Möglichkeit der Verifizierung eines theologischen Satzes seine logische Deduktion aus anderen wahren Sätzen.

Soferne nun diese Art der Überprüfung der Wahrheit eines Satzes in Betracht gezogen wird, stellt sich bei diesem Verfahren folgendes

Problem: Ist jeder beispielsweise in der Bibel niedergelegte Satz als wahrer Satz zu betrachten? Ist ebenfalls jeder Satz, der von jedem (beliebigen) Konzil bzw. jeder (beliebigen) Synode behauptet wurde, ein wahrer theologischer Satz? Ist jeder von einem Papst, einem Bischof oder einem Theologen als wahr behauptete Satz eo ipso wirklich ein wahrer Satz? ...

Die Antwort auf diese Fragen kann nur lauten: nein. Offensichtlich gibt es eine Auswahl von 'bestimmten' Sätzen in der Bibel, ebenso von 'bestimmten' Sätzen von Synoden und Konzilien, und von 'bestimmten' päpstlichen, bischöflichen oder sonstigen theologischen Lehrschriften.

13. Das führt zur Frage: In welcher Weise wird diese Auswahl getroffen? Um diese Frage zu beantworten, erscheint es zweckmäßig, die diesbezügliche Praxis im konkreten zu untersuchen. Theologen, die die Wahrheit oder Falschheit eines theologischen Satzes behaupten, beziehen nämlich neben den oben genannten Instanzen ganz offensichtlich ein weiteres Kriterium mit ein, nach dem sie entscheiden, inwieweit diese Instanz (bzw. eine spezifische Aussage dieser Instanz) zuverlässig ist. Es entspricht durchaus der Praxis der Entscheidungsfindung bei theologischen Sätzen, daß beispielsweise die eine Synode als zuverlässige Instanz, eine andere aber nicht als solche anerkannt wird - sodaß die Berufung auf die erstere Synode als Verifizierung einer theologischen Aussage gilt, nicht aber die Berufung auf zweitere. Dasselbe gilt für Lehrschreiben von Päpsten und Bischöfen sowie für Abhandlungen von Theologen. In ganz ähnlicher Weise verhält es sich mit der Bibel: auch hier gibt es Sätze, die für besonders wichtig oder bedeutend erachtet werden, während andere nicht im selben Maß gewichtet erscheinen.

Welches ist also dieses zusätzliche Kriterium, das letztendlich darüber entscheidet, welche (aus der Vielzahl der) Sätze der Instanzen als wahre zugelassen sind und welche nicht? Die Antwort scheint zu sein: Dieses Kriterium ist der 'Glaube' einer (religiösen) Gemeinschaft, die gewisse Sätze als zu diesem, ihren 'Glauben', gehörig und andere als nicht zu ihrem 'Glauben' gehörig akzeptiert.

14. An dieser Stelle soll der Fortgang der Untersuchung kurz unterbrochen und eine terminologische Klärung eingefügt werden. Es ist dabei eine altbekannte, doch sehr wichtige Unterscheidung in Erinnerung zu rufen: Die Verwendung des Wortes "Glaube" im obigen Satz ist offensichtlich keine univoke: "Glaube" in einem ersten Sinn meint den psychisch vollzogenen Glaubensakt - also den Zustimmungs- bzw. Anerkennungsakt eines Individuums einem Satz gegenüber - entsprechend der "fides qua" in der traditionellen Terminologie der Theologen.[39]

Wie es scheint, dürfte mit "fides qua" traditionellerweise lediglich die Zustimmung zu Sätzen - also ihre Anerkennung - bezeichnet worden sein, nicht jedoch ihre Ablehnung. Nun gibt es aber grundsätzlich zwei Möglichkeiten des psychischen Glaubensaktes: die der Zustimmung (Anerkennung) und die der Ablehnung eines Satzes (die dritte Möglichkeit: unentschieden zu bleiben, soll hier nicht in Betracht gezogen werden, da sie für die weiteren Untersuchungen keine Rolle spielt). Beide Akte sind für die Begründung theologischer Sätze von Bedeutung; daher erscheint es sinnvoll, nicht nur die fides qua als Zustimmung, sondern auch die Ablehnung eines Satzes als Glaubensakt zu betrachten. Indem beispielsweise Konzilien einen bestimmten theologischen Satz ("Nur der Vater ist Gott") als "Irrtum" zurückwiesen, forderten sie die Mitglieder ihrer Glaubens-

---

[39] 'Glaube' in diesem Sinn darf nicht verwechselt werden mit 'Glaube' - d.h. dem Vertrauen - in eine Instanz (vgl. 2.3.7.). Dieser Bedeutungsunterschied wird umgangssprachlich wiedergegeben in der Unterscheidung von "ich glaube Dir" und "ich glaube, daß...". In methodologischer Hinsicht geht der Glaube (als Vertrauen) in eine Instanz dem Glauben an die Wahrheit eines Satzes voraus: das Vertrauen in die Instanz ist die notwendige Voraussetzung dafür, daß der von der Instanz ausgewiesene Satz durch einen Glaubensakt als wahr anerkannt wird. Mit anderen Worten: der Glaubensakt als 'fides qua' richtet sich auf Sätze, der Glaubensakt als 'Vertrauen' auf Instanzen.

gemeinschaft auf, diesen Satz nicht anzuerkennen. Zwar ist auch dieser Satz ein theologischer Satz, allerdings im Zusammenhang mit seiner Zurückweisung ein falscher.

Da also der religiöse Glaube sowohl den psychischen Akt der Anerkennung als auch der Zurückweisung von Sätzen kennt, ist es für die weiteren Untersuchungen erforderlich, 'Glaube' als Akt so zu verstehen, daß er beide Möglichkeiten beinhält. Im folgenden soll für den 'Glauben' als Akt der Terminus "Glaube I" verwendet werden, wobei dieser Akt sowohl als Anerkennung als auch als Ablehnung eines Satzes möglich ist[40].

Daneben wird der Ausdruck "Glaube" in einem weiteren Sinn verwendet; dabei bezeichnet er traditionellerweise die Menge jener Sätze, die von der Glaubensgemeinschaft als wahr angesehen werden und die in der Terminologie der scholastischen Theologie mit "fides quae" bezeichnet wurde. Dieser Ausdruck wird also nur auf eine Teilmenge der theologischen Sätze angewendet, nämlich auf jene, die von einer Glaubensgemeinschaft durch deren Glaube I anerkannt werden. Die Gemeinschaft dieser Menschen ist die jeweilige Kirche; ihre Mitglieder anerkennen durch ihren Glaube I bestimmte Sätze und weisen sie damit als ihren 'Glauben' aus. Dieser Begriff des 'Glaubens', der nunmehr keinen psychischen Akt, sondern eine bestimmte Menge von Sätzen meint, wird (entsprechend der oben eingeführten Terminologie) im folgenden durch den Ausdruck "Glaube II" bezeichnet.[41]

---

[40] Soferne es notwendig ist, werden zur näheren Präzisierung, von welcher der beiden Möglichkeiten jeweils die Rede ist, die Indizes "pos" für die Zustimmung und "neg" für die Ablehnung hinzugefügt. In diesem Fall würde für den Akt der Anerkennung einer theologischen Aussage "Glaube I_{pos}" stehen, für den Akt der Ablehnung "Glaube I_{neg}".

[41] "Glaube" wird also in dreifacher Bedeutung verwendet: "Glaube" bezeichnet zum einen das Vertrauen in eine Instanz ("ich glaube Dir"); es bezeichnet zum zweiten den psychischen Akt der Zustimmung einem Satz gegenüber (fides qua bzw. Glaube I, "ich glaube, daß..."); es steht zum dritten als Überbegriff einer Menge wahrer theologischer Sätze (fides quae bzw. Glaube II, "unser Glaube lehrt, ...").

"Glaube II" steht also für die Menge der von einer Glaubensgemeinschaft - einer Kirche - anerkannten theologischen Sätze, wobei der Glaube I dieser Gemeinschaft hinsichtlich eines bestimmten Satzes die Voraussetzung ist, daß dieser Satz zum Glaube II gehört.

Anhand dieser Unterscheidung läßt sich nun folgende Feststellung treffen: Die Menge der theologischen Sätze ist untergliedert in (zumindest) zwei Teilmengen, deren erste jene Sätze umfaßt, die von den Mitgliedern einer Kirche durch ihren Glaube I anerkannt werden und als Glaube II bezeichnet werden. Die zweite Teilmenge setzt sich aus jenen Sätzen zusammen, die von den Mitgliedern der Kirche durch ihrem Glaube I abgelehnt werden und damit nicht zum Glaube II gezählt werden dürfen. Nach diesen Klärungen soll nun die vorhin (durch 14.) unterbrochene Untersuchung wieder fortgesetzt werden.

15. Aus den obigen Erörterungen des Begründungsvorgangs von theologischen Sätzen ergibt sich also eine weitere Eigenart dieser Sätze: es ist dies ihre Bezogenheit auf den Glaubensakt einer Glaubensgemeinschaft[42]: Die Wahrheit oder Falschheit eines theologischen Satzes kann nur unter Bezug auf eine sich selbst als religiöse Gemeinschaft bzw. Kirche verstehende Gruppe von Menschen festgestellt werden. Wie bereits oben gezeigt, sind theologische Sätze hinsichtlich des von ihnen behaupteten Sachverhaltes nicht direkt überprüfbar; es ist ein psychischer Akt des Vertrauens in eine diesen Satz ausweisende Instanz die Voraussetzung, daß theologische Sätze als wahr oder falsch beurteilt werden können. Weil einer Instanz vertraut wird, wird der von ihr behauptete Satz durch einen Glaubensakt als wahr anerkannt. Dieser Glaubensakt ist seinerseits eine notwendige Voraussetzung für die Wahr- oder

---

[42] In ontologischer Hinsicht ist die Behauptung eines "kollektiven Subjekts", das als solches einen (wie gearteten?) psychischen Akt vollzieht, gewiß problematisch. Doch scheint dies die übliche Sichtweise von Theologen zu sein. Vgl. bspw. Ratzinger (1982), 23: "Trinitarischer Glaube ist communio, trinitarisch glauben heißt: communio werden. Historisch besagt dies, daß das Ich der Credo-Formeln ein kollektives Ich ist, das Ich der glaubenden Kirche, dem das einzelne Ich zugehört, soweit es glaubend ist."

Falschheit eines Satzes: indem ein Satz durch einen Glaubensakt anerkannt (oder abgelehnt) wird, ist er wahr (oder falsch). Daraus ergibt sich, daß die Bezugnahme auf das 'Subjekt' dieses Aktes für die Überprüfung eines Satzes notwendig ist. Dieses Subjekt ist eine - seinem Selbstverständnis nach - religiöse Gemeinschaft. Da der genannte Akt (Glaube I) nur durch diese Gemeinschaft vollzogen wird und, wie gezeigt, die Voraussetzung für die Bestimmung der Wahrheit oder Falschheit eines Satzes ist, ist es nicht anders möglich, die Wahrheit oder Falschheit eines Satzes zu entscheiden als durch den Bezug auf eine religiöse Gemeinschaft.[43]

Die soeben getroffenen Feststellungen ermöglichen nun eine Aufhellung des oben umrissenen Problems: Es war dies die Frage nach dem zusätzlichen Kriterium, anhand dessen bestimmte Sätze der Bibel, der Konzilien, usw. von anderen - in denselben Dokumenten niedergelegten Sätzen - abgegrenzt werden, sodaß nur manche Sätze dieser Dokumente als maßgebliche zugelassen werden. Wie bereits angedeutet, ist dieses Kriterium der Glaube II einer religiösen Gemeinschaft. Dies läßt sich nun präziser formulieren: Es ist die Übereinstimmung eines von einer Instanz behaupteten Satzes mit einem Satz aus dem Glaube II der religiösen Gemeinschaft. Mit anderen Worten: Genau dann, wenn der von der Instanz behauptete Satz auch ein Satz von Glaube II der religiösen Gemeinschaft ist, dann ist dieser Satz wahr.

16. Es wäre möglich, gegen diese Feststellung den Einwand einer gewissen Zirkularität vorzubringen: einerseits wird ein Satz von einer Glaubensgemeinschaft anerkannt, weil er von einer Instanz als wahr bezeugt wird; andererseits wird aber der Satz einer Instanz von der Glaubensgemeinschaft nur anerkannt, wenn er bereits zu ihrem Glaube II gehört: Das heißt also: Damit ein Satz durch Glaube I anerkannt wird, muß er bereits zu Glaube II gehören; zu Glaube II

---

43 "Wahr" im theologischen Sinn ist demnach ein relationales Prädikat: der theologische Satz a ist wahr <u>für</u> die Mitglieder der Glaubensgemeinschaft b.

kann er aber erst dadurch gehören, daß er durch Glaube I anerkannt wird. Liegt hier nicht ein 'Zirkel' vor?

Eine Antwort darauf ist nicht eindeutig zu geben. Offensichtlich handelt es sich hier um ein kompliziertes Wechselspiel zweier Größen, die bei der Wahrheitsentscheidung theologischer Sätze einander zugeordnet sind: religiöse Gemeinschaft und Instanzen. Die religiöse Gemeinschaft erbringt einen Akt des Vertrauens in die Instanz; diese weist einen Satz als wahr aus, sodaß die religiöse Gemeinschaft den Satz als wahr anerkennt. Aber umgekehrt sind auch die Instanzen auf die religiöse Gemeinschaft bezogen: denn die durch Instanzen ausgewiesenen Sätze haben als Urheber (zumeist) ein Mitglied dieser religiösen Gemeinschaft. Und die Instanzen unterliegen ihrerseits dem Urteil der Gemeinschaft, was ihre Vertrauenswürdigkeit betrifft. Wie allerdings das hieraus erstehende Zusammenspiel näherhin vorzustellen ist (besonders hinsichtlich seiner methodologischen Komponente), kann hier nicht erörtert werden - dazu bedürfte es vor allem historischer Studien, die die geschichtlichen Konkretisierungen dieses Wechselspiels von religiöser Gemeinschaft und der von ihr anerkannten Instanzen - wie es zur Entstehung und Ausformung von Glaube II geführt hat - im einzelnen untersuchen. Für die Zwecke der gegenständlichen Untersuchung genügt es, das Faktum dieses Wechselspiels zur Kenntnis zu nehmen. Daraus ergibt sich nämlich die Notwendigkeit der Bezugnahme auf eine Glaubensgemeinschaft, die einen theologischen Satz anerkennt oder ablehnt, um diesen Satz als wahr oder falsch zu behaupten.

17. Dieser Bezug auf die Glaubensgemeinschaft bei der Überprüfung theologischer Sätze ist also jenes Charakteristikum, das nun auch ihre Abgrenzung von solchen Sätzen erlaubt, deren (in der letzten Fassung des Klassifikationskriteriums geforderte) empirische Überprüfung ihres Sachverhalts nicht möglich scheint: dies wurde für die 'Grenzfälle' der empirischen Sätze sowie für die Sätze der nicht-empirischen Wissenschaften in Betracht gezogen. Nunmehr ist unter

Miteinbezug dieses weiteren Merkmals das Kriterium der Unterscheidung von theologischen und nicht-theologischen Sätzen folgendermaßen zu formulieren: Ein Satz ist dann und genau dann ein theologischer Satz, wenn:

a.) es erforderlich ist, um die Wahrheit oder Falschheit dieses Satzes festzustellen, auf eine (sich selbst als religiöse Gemeinschaft verstehende) Glaubensgemeinschaft Bezug zu nehmen, wobei gilt, daß ein Satz dann wahr ist, wenn er durch einen Glaubensakt dieser Gemeinschaft anerkannt wird, während er falsch ist, wenn er durch den Glaubensakt dieser Gemeinschaft abgelehnt wird [GI(a,b)],

und wenn

b.) dieser Satz nicht empirisch überpüfbar ist [-Ü(a)], sondern

c.) anstelle der unmittelbaren Überpüfung des (vom Satz behaupteten) Sachverhalts - wie es im Rahmen einer Korrespondenztheorie der Wahrheit gefordert wäre - sein Aufweis durch eine Instanz tritt, die ihn (mittelbar) als wahr oder falsch ausweist [I(a)].

In logischer Symbolsprache geschrieben, läßt sich dieses Klassifikationskriterium auf formale Weise so darstellen[44] :

$$(6) \quad \forall x((\exists y GI(x,y) \ . \ -\ddot{U}(x) \ . \ I(x)) \ <-> \ T(x))$$

Aus dem in Satz (6) formulierten Kriterium ergibt sich: da es sich hierbei um eine Konjunktion handelt, näherhin um die Konjunktion dreier Bedingungen, steht fest, daß bei Wegfall einer einzigen dieser Bedingungen die Konjunktion (im logischen Sinn) nicht mehr wahr sein kann und in diesem Fall ein vorliegender Satz kein theologischer Satz ist.

---

[44] Repräsentierungslegende im Anhang.

Anhand dieses Kriteriums ist es nun möglich, von einem beliebigen Satz zu entscheiden, ob er ein theologischer Satz ist oder nicht. Es wäre im übrigen auch möglich, in ähnlicher Weise ein Kriterium zu formulieren, daß die Unterscheidung wahrer und falscher theologischer Sätze erlaubt. Da dies aber für die Zwecke dieser Untersuchung nicht von Belang ist, soll nicht weiter darauf eingegangen werden. Entscheidend ist vielmehr, was das Ergebnis der bisherigen Untersuchung für die In-Bezug-Setzung theologischer und empirischer Sätze bedeutet. Das soll im folgenden Kapitel im einzelnen erörtert werden.

3. ZUM VERHÄLTNIS THEOLOGISCHER UND EMPIRISCHER SÄTZE

3.1. Analoger Wahrheitsbegriff

1. Wenn theologische Sätze hinsichtlich ihrer Wahrheit begründet werden, dann geschieht dies - wie im vorigen Kapitel gezeigt - durch den Nachweis, daß diese Sätze einerseits durch eine religiöse Instanz als wahr ausgewiesen und andererseits (zugleich) durch einen Glaubensakt der religiösen Gemeinschaft anerkannt werden. Es ist also - zumindest dem Prinzip nach - von jedem beliebigen theologischen Satz möglich, anhand dieser beiden Kriterien zu entscheiden, ob er wahr oder falsch ist - wobei hier natürlich in Betracht zu ziehen ist, daß "wahr" bei theologischen Sätzen als relationales Prädikat ausgesagt wird: da nämlich der Glaubensakt einer religiösen Gemeinschaft gegenüber einem Satz eine notwendige Bedingung für seine Wahrheit ist, muß diese in Beziehung zu diesem Glaubensakt (und somit zur religiösen Gemeinschaft, die ihn erbringt) stehen[45].

Wenn nun auch die Entscheidung darüber, ob ein gegebener theologischer Satz wahr oder falsch ist, relativ problemlos ist, so stellt sich doch die Frage, ob die Art, in der theologische Sätze begründet werden, nicht beträchtlich unterschieden ist von der Art, wie empirische Sätze begründet werden. Denn offensichtlich verläuft die Begründung empirischer Sätze deutlich anders als die, die im vorangegangenen Kapitel für theologische Sätze dargestellt wurde. Es legt sich somit die Vermutung nahe, daß die Unterschiede in der Begründung der beiden Satzarten zur Folge haben, daß "wahr" bei einem theologischen Satz nicht völlig dasselbe bedeutet wie "wahr" bei einem empirischen Satz. Wie sich dies im näheren verhält, soll in diesem Kapitel ausführlich dargestellt werden.

---

[45] Dies mag zwar ungewohnt erscheinen, entspricht aber durchaus den faktischen Gegebenheiten: so ist beispielsweise der theologische Satz "Der Papst ist das Oberhaupt der Kirche" ein wahrer Satz für die Katholische Kirche, nicht jedoch für die Anglikanische Kirche.

2. Wie im vorigen Kapitel gezeigt kann der von einem theologischen Satz behauptete Sachverhalt hinsichtlich seines Bestehens nicht mit solchen Methoden überprüft werden, die für einen diesbezüglichen Nachweis geeignet wären (wie beispielsweise die empirischen Methoden). Ob der behauptete Sachverhalt also besteht oder nicht, kann weder direkt (durch Wahrnehmung desselben) noch indirekt (durch Wahrnehmung der Konsequenzen seines Bestehens) empirisch festgestellt werden. Jedoch liegt dies durchaus in der Eigenart theologischer Sätze; und niemand, der die Wahrheit eines theologischen Satzes behauptet, würde den Anspruch erheben, ihn durch empirische Überprüfung begründen zu können.

Die Überprüfung theologischer Sätze erfolgt also auf andere Weise, allerdings - auch das hat die vorhergehende Untersuchung gezeigt - auf eine Weise, die keine Überprüfung im Sinne der Korrespondenztheorie der Wahrheit gewährleistet. Der hierbei geforderte Nachweis des Übereinstimmens von wirklich bestehendem und behauptetem Sachverhalt wird nämlich durch das methodische Vorgehen bei der Begründung theologischer Sätze nicht erbracht. Wenn dieser Nachweis nun aber nicht erbracht wird, so stellt sich die Frage: Mit welchem Recht darf ein theologischer Satz als wahr im Sinne der Korrespondenztheorie der Wahrheit bezeichnet werden, wenn es nicht möglich ist, die dafür erforderlichen Bedingungen (das Erbringen des Nachweises) zu erfüllen. Ist es nicht vielmehr so, daß die Behauptung: "Eine theologische Aussage ist wahr" etwas anderes meint als: "Es ist nachgewiesen, daß diese Aussage mit der Wirklichkeit übereinstimmt"? Letzteres gilt aber von empirischen Aussagen. Es ist also erforderlich, zu klären, in welcher Weise das Prädikat "wahr" von theologischen Sätzen ausgesagt wird. Denn wenn die Prädikation von "wahr" nicht nach Maßgabe der Übereinstimmung mit der Wirklichkeit erfolgt, so ist zu fragen, welche Bedeutung "wahr" in diesem Fall hat - und ob bzw. in welcher Weise sich theologische Sätze auf die Wirklichkeit beziehen.

3. Nun ist offenkundig, daß theologische Sätze durchwegs von ihren Verwendern so gebraucht werden, daß sie eine Behauptung über die Wirklichkeit intendieren. Wie bereits oben erörtert, ist die Ansicht, theologische Sätze seien lediglich Ausdruck von Gefühlen oder Stimmungen[46], angesichts ihrer faktischen Verwendung als wirklichkeitsbezogene Aussagen nicht aufrecht zu erhalten. Theologische Aussagen verstehen sich auch nicht als bloß künstlerische Schöpfungen[47] und auch nicht als reine "Sprachspiele"[48], die zwar eine innere Struktur, aber keinen Bezug zur Außenwelt haben. Fragt man die Mitglieder einer Glaubensgemeinschaft, in welchem Sinn sie ihre theologischen Sätze - z.B. "Gott hat die Welt geschaffen" oder "Die Kirche ist das auserwählte Volk Gottes" - verstehen, so werden sie üblicherweise die eben genannten Ansichten zurückweisen und an ihrer Stelle betonen, daß es sich bei ihnen um Behauptungen über einen wirklich bestehenden Sachverhalt handelt.

Demzufolge wird das Prädikat "wahr" von theologischen Sätzen offensichtlich nicht so ausgesagt, daß es (ausschließlich) als 'richtig im Sinne einer (grammatikalischen) Sprachregel' oder im Sinne von 'erhaben' oder im Sinne von 'ehrlich' bzw. "wahrhaftig' gemeint ist; theologische Aussagen intendieren vielmehr einen Bezug zur Wirklichkeit, d.h. zu Sachverhalten, deren reales Bestehen sie behaupten. Durch diese Intention erhalten sie auf jeden Fall eine Ähnlichkeit mit den empirischen Aussagen, die sich ebenfalls auf real bestehende Sachverhalte beziehen. Mit dieser Intention besteht aber auch eine Verpflichtung, diesen Bezug nachzuweisen, denn sonst könnte die Beurteilung der einen Aussage als wahr, der anderen als falsch wohl nicht mehr sinnvoll vorgenommen werden.

4. Wie wird also der Bezug zu realen Sachverhalten nachgewiesen? Wie bereits gezeigt, erfolgt der Nachweis der Wahrheit eines theologischen Satzes durch die Bestätigung, daß dieser Satz durch

---

[46] z.B. Ayer (1970), 151ff.
[47] z.B. Morscher, in: Weinzierl (1974), 351;
[48] z.B. Phillips, in: Dalferth (1974), 258ff.

Glaube I der religiösen Gemeinschaft anerkannt und durch eine religiöse Instanz ausgewiesen wird. Es wurde auch bereits betont, daß theologische Sätze nicht empirisch überprüfbar sind [-Ü(a)], was bedeutet, daß eine bestimmte Weise der Überprüfung des Wirklichkeitsbezugs nicht möglich ist. Daher muß der Nachweis des Wirklichkeitsbezugs, wenn überhaupt möglich, auf eine andere Weise geschehen, soferne man an ihm festhalten will (was aber eine notwendige Bedingung für eine Korrespondenztheorie der Wahrheit ist).

Dieser Bezug wird nun offenkundig dadurch hergestellt, daß eine religiöse Instanz den Satz als wahr ausweist: daß ein bestimmter Satz von einer Instanz behauptet wird, wird im allgemeinen so gewertet, daß diese Instanz über das Bestehen des Sachverhalts Bescheid weiß. Die Instanz gilt also als Zeuge, der aufgrund seines Wissens über das Bestehen des Sachverhalts berechtigt ist, den ihn behauptenden Satz als wahr oder falsch zu beurteilen.

Nun gilt weiters von einer Instanz, daß sie als zuverlässig betrachtet wird; d.h. die Mitglieder einer religiösen Gemeinschaft sind im allgemeinen der Überzeugung, daß die Instanz nicht die Absicht hat zu täuschen oder zu lügen, sondern daß sie wahrheitsgemäß das überliefert, was sie als bestehenden Sachverhalt weiß. Dieses Vertrauen in die Zuverlässigkeit der Instanz ist zugleich der Grund, den von ihr behaupteten Satz als wahr zu akzeptieren, d.h. ihn für wahr zu halten.

Ein solcher Akt des Für-wahr-haltens eines Satzes aufgrund des Vertrauens in einen zuverlässigen Zeugen unterscheidet sich - wie bereits erörtert - grundsätzlich nicht von jenem Vertrauen, das jeder Wissenschafter seinen Fachkollegen, seinen Methoden oder seinen eigenen Sinnesorganen entgegenbringt. Wie jedoch ebenfalls bereits erörtert, ist dieser Vertrauensakt in theologischer Hinsicht von besonderer Wichtigkeit: er ist nämlich eine unverzichtbare Voraussetzung dafür, einen theologischen Satz als wahr oder falsch beurteilen zu können, da bei Wegfall dieses Vertrauens keine Möglichkeit besteht, den vom Satz behaupteten Sachverhalt auf andere Weise zu überprüfen (was bei empirischen Sätzen zumeist der Fall ist).

Es scheint also berechtigt zu sein zu behaupten, daß das Vertrauen in die Zuverlässigkeit der Instanz gewissermaßen eine 'konstitutive' Bedeutung für die Wahrheit oder Falschheit eines theologischen Satzes hat. Fällt dieses Vertrauen weg, muß man sinnvollerweise darauf verzichten, über Wahrheit oder Falschheit des Satzes zu urteilen. Ist allerdings dieses Vertrauen gegeben, dann ist es auch möglich, eindeutige und überprüfbare Urteile über Wahrheit oder Falschheit des Satzes zu fällen (soferne die Instanz keine widersprüchlichen Angaben macht; jedoch kommt ja zur endgültigen Beurteilung noch die Zustimmung zu einem Satz durch den Glaube I der religiösen Gemeinschaft hinzu).

Da dieser Akt des Vertrauens also 'konstitutive' Bedeutung für die Beurteilung von wahr oder falsch hat, muß er in einer Wahrheitstheorie theologischer Sätze Berücksichtigung finden. Das bedeutet: die Zugrundelegung einer 'reinen' Korrespondenztheorie für theologische Sätze ist nicht möglich, da sie - dem Prinzip nach - einen solchen 'konstitutiven' Vertrauensakt für die Begründung von Sätzen nicht vorsieht. Andererseits wird aber für theologische Sätze der Anspruch einer 'Korrespondenz' mit der Wirklichkeit nicht aufgegeben, sodaß auch nicht von einer ganz andersartig beschaffenen 'Wahrheit' dieser Sätze (z.B. einer rein 'subjektiv-existentiellen', einer nur 'symbolischen' oder einer bloß 'den Regeln des religiösen Sprachspiels entsprechenden') gesprochen werden darf.

5. Es scheint angebracht, in diesem Fall von einer besonderen Art einer Korrespondenztheorie der Wahrheit zu sprechen, deren Charakteristikum darin besteht, die prinzipielle Unüberprüfbarkeit eines behaupteten Sachverhalts durch einen Akt des Vertrauens in

eine als zuverlässig erachtete Instanz zu kompensieren: Da das Vertrauen in die Zuverlässigkeit dieser Instanz - wie oben gezeigt - 'konstitutive' Bedeutung für die Wahrheit oder Falschheit von Sätzen hat, könnte man in naheliegender Weise von einer 'Vertrauenstheorie' der Wahrheit sprechen. Eine solche Theorie würde also die Kriterien für "wahr" und "falsch" darin festlegen, daß eine zuverlässige Instanz, die über die fraglichen Sachverhalte Bescheid weiß, diese als bestehend oder nicht bestehend ausweist. Auch hier gilt zwar prinzipiell: wenn ein Satz als wahr ausgewiesen wird, so besteht der von ihm behauptete Sachverhalt wirklich; da aber eine diesbezügliche Überprüfung (z.B. aufgrund mangelnder Erkenntisfähigkeit) nicht möglich ist, tritt an die Stelle einer unmittelbaren Überprüfung ein Akt des Vertrauens in die Zuverlässigkeit einer Instanz, die für das Bestehen des Sachverhalts bürgt.

Aus der Zugrundelegung einer 'Vertrauenstheorie' der Wahrheit für theologische Sätze ergeben sich wichtige Folgerungen. Eine erste ist die - bereits mehrmals angedeutete - Einsicht, daß das Prädikat "wahr" von theologischen Sätzen nicht in gleicher Weise ausgesagt wird wie von empirischen Sätzen. Ein offenkundiger Unterschied ist der, daß für theologische Sätze die Voraussetzung des Vertrauensaktes in die Instanz erforderlich ist, welche verbürgt, daß der vom Satz behauptete Sachverhalt besteht und dessen unmittelbare Überprüfung ersetzt. Ein weiterer Unterschied ist der, daß theologische Sätze in einem kollektiven Glaubensakt von der religiösen Gemeinschaft anerkannt werden müssen, damit sie wahr sind[49]. Andererseits ist aber auch mehrfach Übereinstimmung hinsichtlich der Bedeutung von "wahr" bei theologischen und empirischen Sätzen festzustellen: in beiden Fällen wird die Wahrheit oder Falschheit eines Satzes in Zusammenhang mit dem Bestehen oder Nichtbestehen

---

[49] Es ist im übrigen so, daß diese beiden Glaubensakte - der der Anerkennung der Instanz und der der Anerkennung des Satzes - nicht voneinander unabhängig sind: sie stehen in einer wechselseitigen Bedingtheit, wie unten (2.3.15.) beschrieben.

von Sachverhalten ausgesagt; es ist also durch die Bezeichnung eines Satzes mit "wahr" in beiden Fällen gemeint: "der vom Satz behauptete Sachverhalt besteht wirklich". Weiters setzt die Behauptung von "wahr" oder "falsch" in beiden Fällen voraus, daß ein Satz diesbezüglich begründet ist; d.h. wenn ein Satz als wahr behauptet wird, dann kann man - nach methodischer Verfahrensweise - angeben, warum er wahr ist.

6. Zieht man nun all dies in Betracht, so läßt sich zusammenfassend folgendes feststellen: Theologische und empirische Sätze haben unter den Voraussetzungen, unter denen sie als wahr oder falsch behauptet werden, sowohl Unterschiede als auch Gemeinsamkeiten. Daraus ergibt sich, daß ihre Bezeichnung als wahr oder falsch zwar nicht in völlig gleicher, aber auch nicht in völlig unterschiedener Weise zustande kommt. Auf jeden Fall besteht eine gewisse Ähnlichkeit in der Bedeutung von "wahr" und "falsch", die man (bei nicht allzu strengem Verständnis) als Analogie bezeichnen könnte. Theologische und empirische Sätze sind demnach in analoger Weise wahr oder falsch.

Anstelle einer genaueren Definition dieser Analogie sollen einige Beispiele gegeben werden, welche zeigen sollen, wie zwischen den Sätzen verschiedener anderer wissenschaftlicher Disziplinen ähnliche Verhältnisse bestehen wie zwischen theologischen und empirischen Sätzen: so ist beispielsweise eine aussagenlogische Tautologie nach dem Schema: "$(A \lor B) < - > (B \lor A)$" zwar wahr, jedoch in anderer Weise als die Behauptung: "Am 7. Juli 1992 hat es den ganzen Tag über in der Stadt Salzburg geregnet". Im ersteren Fall ist die Wahrheit der Formel eine Funktion des aussagenlogischen Kalküls, im zweiten Fall besteht die Wahrheit der Behauptung in ihrer nachgewiesenen Übereinstimmung mit dem wirklichen Sachverhalt. "Wahr" - wenngleich von beiden Sätzen ausgesagt, hat offensichtlich nicht die gleiche Bedeutung. Selbiges wäre in Betracht zu ziehen für ethische Sätze, deren Wahrheit ebenfalls nicht durch empirische

Überprüfung begründet wird. Das Konzept einer 'analogen' Wahrheit scheint somit das Verhältnis einzelner wissenschaftlicher Disziplinen zueinander durchaus treffend zu beschreiben.

Was dies - die Feststellung, daß theologische und empirische Sätze in analoger Weise wahr sind - an Konsequenzen für das Verhältnis der beiden Sätze zueinander mit sich führt, soll nun des weiteren dargestellt werden.

3.2. Unmöglichkeit der gegenseitigen Kritisier- und Ableitbarkeit

1. Wird nun "wahr" von theologischen und empirischen Sätzen in analoger Weise ausgesagt, so hat dies zur Folge: theologische und empirische Sätze können nicht in einer solchen Beziehung stehen, daß die Wahrheit oder Falschheit des einen (theologischen) Satzes eine unmittelbare (logisch folgende) Konsequenz auf die Wahrheit oder Falschheit des anderen (empirischen) Satzes hätte. Diese Trennung von theologisch wahren Sätzen und empirisch wahren Sätzen ist vergleichbar der Trennung von ethisch wahren und empirisch wahren Sätzen: der ethisch 'wahre' (d.h. im Sinne eines ethischen Systems korrekt begründete) Satz: "Für jeden Mensch gilt: es ist moralisch geboten, nicht zu lügen" tritt nicht in logischen Widerspruch zur empirischen Feststellung: "Jeder Mensch lügt mehrmals in seinem Leben". Da ethische und empirische Sätze einen unterschiedenen Modus ihrer Begründung haben, können auch sie nicht (direkt) voneinander herleitbar sein oder zueinander in Widerspruch treten.

2. Die Tatsache dieser Unterschiedenheit theologischer und empirischer Sätze ist in praktisch-theologischer Hinsicht von schwerwiegender Bedeutung: sie impliziert nämlich die Unmöglichkeit der Ableitung von empirischen Sätzen aus theologischen Sätzen (bzw. umgekehrt) sowie die Unmöglichkeit der Kritik empirischer Sätze durch theologische Sätze (bzw. umgekehrt) - wobei 'Kritik' als logischer Widerspruch gemeint ist. Aufgrund der

Analogie der Wahrheit theologischer und empirischer Sätze gilt also: Aus theologischen Prämissen kann keine empirische Konklusion folgen und umgekehrt, und: ein theologischer Satz und ein empirischer Satz können nicht zueinander in logischen Widerspruch treten!

3. Diese Feststellungen erfordern einige Erläuterungen, denn sie scheinen nicht in Einklang zu stehen mit der historischen und gegenwärtigen Praxis, die hinsichtlich der In-Bezug-Setzung dieser beiden Satzklassen bestand bzw. besteht. Allem Anschein nach ist die Praxis der gegenseitigen Kritik und Herleitung zwischen theologischen und empirischen Sätzen üblich; dies läßt sich sowohl anhand der großen historischen Kontroversen im Rahmen der wissenschaftlichen Welterklärung ('Glaube und Wissenschaft') belegen als auch anhand der innerhalb der Glaubensgemeinschaften üblichen Praxis, aus den Sätzen ihres Glaubens empirische Sätze (z.B. über die Gestaltung von Handlungen, über die Ordnung von Gemeinschaften, als 'Deutung' eines gegenwärtigen oder 'Prognose' eines zukünftigen Ereignisses,...) herzuleiten. So gesehen scheinen gegen die oben formulierte These der logischen Unterschiedenheit von theologischen und empirischen Sätzen die Fakten zu sprechen, die eine solche logische Unterschiedenheit durch eine andersgeartete Praxis bei ihrer In-Bezug-Setzung in keiner Weise belegen. Um diese Frage zu entscheiden, ist es erforderlich, die Art der bisher üblichen In-Bezug-Setzung der beiden Satzklassen zu untersuchen: inwieweit sie tatsächlich gemäß den Kriterien des logischen Widerspruchs und der logischen Herleitung verläuft.

4. Wie bereits oben angedeutet, hat es besonders im Bereich der wissenschaftlichen Welterklärung häufig Kontroversen gegeben, die den Widerspruch theologischer und empirischer Sätze zum Gegenstand hatten: Sätze wie "Die Erde steht im Mittelpunkt des Kosmos", "Der Mensch ist im Rahmen der Entwicklungsgeschichte der Lebewesen aus (primitiveren) Vorfahren entstanden" oder "Es

gibt eine Vielzahl von Stammelternpaaren der Menschheit" wurden betrachtet als in Widerspruch stehend mit den wahren theologischen Sätzen: "Die Erde steht im Mittelpunkt des Kosmos", "Der Mensch wurde von Gott geschaffen" und "Es gibt nur ein Stammelternpaar der Menschheit". Des weiteren fanden und finden sich häufig Kontroversen, die den Widerspruch theologischer Sätze mit Sätzen der (gesellschafts-) politischen und ethischen Praxis zum Gegenstand haben (z.b. bezüglich der Demokratie als Regierungsform, bezüglich der Religions- und der Gewissensfreiheit, u.a.), und natürlich gibt es zahlreiche Kontroversen, in denen Sätze über die Gestaltung lebenspraktischer oder nutzbringender Handlungen mit entsprechenden theologischen Sätzen in Widerspruch befindlich gesehen wurden und werden.

Eine - allgemeine - Betrachtung solcher Kontroversen zeigt, daß die an ihnen beteiligten 'Konfliktpartner' der Überzeugung sind, daß theologische Sätze einen unmittelbaren empirischen Sinn haben können: zumindest während mancher Phasen dieser Kontroversen wurden der jeweilige theologische und der jeweilige empirische Satz in einer einander ausschließenden Beziehung gesehen - sodaß also die Wahrheit des einen logisch notwendig die Falschheit des anderen bedeutet hätte[50].

Nun zeigt die weitere Analyse des Ablaufs solcher (historischer) Kontroversen, daß sich diese Überzeugung allerdings ändert: vor allem wenn der Bewährungsgrad der empirischen Aussage sehr hoch ist (d.h. die Aussage vielfach bestätigt wird), wird der unmittelbar empirische Anspruch der theologischen Aussage aufgegeben; sie wird allerdings nun nicht als widerlegt (und daher falsch) betrachtet, sondern hinsichtlich ihres Sinns 're-interpretiert': sie erhält also einen anderen als den ursprünglich behaupteten (empirischen) Sinn. Dies ist besonders bei den oben genannten Beispielen deutlich nachvoll-

---

[50] Dies war ganz offensichtlich der Fall bei den oben genannten Beispielsätzen in den Kontroversen um die frühneuzeitliche Kosmologie, die Deszendenztheorie und die Theorie des Poligenismus.

ziehbar: so etwa werden die Behauptung, daß sich der Mensch evolutionär aus primitiveren Vorfahren entwickelt habe, und die Behauptung, daß der Mensch von Gott erschaffen worden sei, heute im allgemeinen für vereinbar betrachtet, obwohl einst zwischen ihnen ein Widerspruch behauptet wurde[51].

Die Analyse solcher Konflikte zeigt also, daß gewöhnlichhin theologische Sätze durch empirische nicht vollständig kritisiert bzw. widerlegt werden; die theologischen Sätze bleiben wahr, auch wenn der mit ihnen in Widerspruch tretende Satz seinerseits als wahr erwiesen wird. Was sich ändert, ist offensichtlich die 'Interpretation' der theologischen Sätze, also die Bedeutung, die die Glaubensgemeinschaft ihnen zuerkennt. In den genannten Beispielen erhielten die theologischen Sätze eine empirische Interpretation, und in dieser Form traten sie zu den empirischen Sätzen in Widerspruch. So gesehen, passiert tatsächlich so etwas wie eine Kritik theologischer und empirischer Sätze untereinander, allerdings nicht auf der logischen Ebene, sondern auf der semantischen Ebene, also auf der Ebene der (inhaltlichen) Bedeutungen von Sätzen.

Daher wird die oben formulierte These, daß theologische und empirische Sätze einander nicht kritisieren (im Sinn von: logisch widersprechen) können, durch die diesbezüglich geübte Praxis nicht widerlegt. Denn die Kritik, wie sie im Rahmen dieser Praxis stattfindet, erweist sich letztendlich als ein Ereignis auf der Ebene ihrer inhaltlichen Bedeutungen, nicht auf der ihrer logischen Beziehungen. Daß bei einem auftretenden Konflikt anfangs der Widerspruch zwischen zwei Sätzen als logischer betrachtet wird, ist offensichtlich ein Mißverständnis der Konfliktpartner. Wenn dies nämlich so wäre, müßte der theologische Satz nach dem Erweis der Wahrheit des empirischen Satzes als falsch akzeptiert werden. Jedoch wird der Satz nicht falsch, sondern - wie eben gesagt - er erhält eine

---

[51] Die aussagenlogische Formulierung der beiden Sätze zur Zeit des Konflikts lautete also: p . -p; heute lautet sie: p . p'.

neue 'Bedeutung'. Dies gilt in gleicher Weise für die zweite der oben genannten Konsequenzen: daß theologische Prämissen nicht empirische Konklusionen erbringen können und umgekehrt. Nun ist es so, daß in der üblichen Praxis zwar empirische Aussagen aus theologischen gewonnen werden, jedoch geschieht auch dies keineswegs durch logische Deduktion, sondern durch eine 'Interpretation' einer theologischen Aussage auf empirischen Gehalt hin. Das heißt: wiederum liegt nicht eine formallogische Operation (z.B. eine Deduktion) dem Übergang von einer theologischen zu einer empirischen Aussage zugrunde, sondern ihre (vorangehende oder nachfolgende) Interpretation als einer Aussage mit empirischem Gehalt.

Ein Beispiel kann dies verdeutlichen: Üblicherweise wird in theologischen Theorien im Zusammenhang mit der Erschaffung der Welt ihre 'Endlichkeit' behauptet[52]. Dieser Begriff "Endlichkeit" ist als theologischer Begriff zu sehen, dessen Bedeutung sich innerhalb einer Semantik der theologischen Sprache ergibt. Wenn nun - wie dies oft vorgekommen ist - "endlich" in physikalischem Sinn interpretiert wird (z.B. als räumliche oder zeitliche Begrenztheit), so wird der Eindruck erweckt, als beinhalte die theologische Behauptung der Erschaffung der Welt eine logisch ableitbare Aussage über ihre räumliche oder zeitliche Begrenztheit. Dies ist aber keineswegs der Fall. Nur wenn die maßgebende Prämisse - "diese Welt ist endlich" - eine empirische Prämisse wäre, wäre dies möglich; nun ist diese Prämisse aber eine theologische, sodaß auch die Konsequenz mit all ihren Begriffen eine theologische Aussage ist.

'Endlich' ist also in diesem Fall keine Bestimmung einer empirisch-physikalischen Qualität dieser Welt, sondern einer theologischen Qualität. Um mit dem theologischen Begriff "endlich" einen eventuellen empirischen Gehalt aussagen zu können, ist es notwendig,

---

[52] Beispielsweise gemäß folgendem Argument: "Alles, das geschaffen ist, ist endlich. Diese Welt ist von Gott geschaffen. Daher ist diese Welt end-lich"

diesen solcherart zu 'interpretieren'. Ein solches Vorgehen ist im Sinne einer 'interpretierenden Theologie' zu verstehen, welche versucht, den Sätzen der 'reinen Theologie'[53] (die als solche die Semantik der theologischen Sprache sowie die Begründung und die logische Struktur der theologischen Sätze zum Gegenstand hat) einen empirischen Sinn zu geben.

Da diese Unterscheidung von 'reiner Theologie' und 'interpretierender Theologie' häufig nicht vorgenommen wurde (und auch noch nicht wird), kam (und kommt) es zu den diversen Mißverständnissen, für die oben einige Beispiele genannt wurden: es hat dabei den Anschein, als ob empirische Sätze den Sätzen der 'reinen Theologie' widersprechen würden, wohingegen sie in Wahrheit den Sätzen der 'interpretierenden Theologie' widersprechen. Das also bedeutet: der empirische Satz widerspricht einem Satz, der eine (empirische) Interpretation eines theologischen Satzes darstellt, nicht dem theologischen Satz selbst. Dieser bleibt in der Folge wahr, während der ihn interpretierende Satz falsch wird. Dem entspricht die - durch die historische wie gegenwärtige Praxis belegte - Tatsache, daß letzterer in der Folge tatsächlich aufgegeben wird. In dieser Hinsicht ergibt sich also, daß die bisher übliche Praxis der Ableitung empirischer Konsequenzen aus theologischen Sätzen nicht im Sinn der logischen Deduktion vorgenommen wurde, sondern im Sinne einer empirischen 'Interpretation'. Die Tatsache, daß diese Unterscheidung meist nicht explizit getroffen wurde - vielleicht sogar einigen Autoren gar nicht bewußt war - ändert nichts an ihrer Faktizität - und vor allem Notwendigkeit, soferne Mißverständnisse vermieden werden sollen.

5. Damit wäre gezeigt, daß die bisher übliche Praxis der gegenseitigen In-Bezug-Setzung von theologischen und empirischen Sätzen nicht der These zuwiderläuft, daß diese beiden Satzklassen in

---

[53] "Theologie" versteht sich hier als ein System von (theologischen) Sätzen.

keine direkte logische Beziehung treten können. Ihre In-Bezug-Setzung verläuft vielmehr als 'Interpretation' - also auf der Ebene ihrer Bedeutungen - und ergibt eine Menge von Sätzen, die als 'interpretierte theologische Sätze' bezeichnet werden können. Daß es dabei historisch (und teilweise noch gegenwärtig) zu logischen Widersprüchen gekommen ist (bzw. kommt), beruht auf der mangelhaft getroffenen Unterscheidung von reinen und interpretierten theologischen Sätzen. Denn nur die interpretierten theologischen Sätze haben empirischen Gehalt - beziehen ihn aber keineswegs von den reinen theologischen Sätzen, sondern erhalten ihn durch ihre diesbezügliche 'Interpretation' seitens der Gemeinschaft der Gläubigen.

Mit diesen Feststellungen gewinnt der im bisherigen Kontext bereits mehrmals verwendete Begriff "Interpretation" an entscheidender Bedeutung für die In-Bezug-Setzung theologischer und empirischer Sätze. Aus diesem Grund scheint es naheliegend, bezüglich der damit bezeichneten Verfahrensweise eine eingehendere Untersuchung zu führen. Dies soll - in mehr grundsätzlich-allgemeiner Weise - im folgenden Abschnitt, in ausführlicherer Weise dann im Kapitel 4. geschehen.

3.3. Einige Aspekte der Vermittlung von theologischen und empirischen Sätzen

1. Das Ergebnis der bisherigen Untersuchungen besagt, daß die In-Bezug-Setzung der theologischen und empirischen Sätze nicht als logische, sondern als semantische (bedeutungsmäßige) erfolgt. Es handelt sich dabei also nicht um die Herstellung von direkten logischen Beziehungen zwischen diesen Sätzen, sondern um die von inhaltlichen Beziehungen - in Form einer 'Interpretation' eines theologischen Satzes auf einen empirischen Gehalt hin oder umgekehrt. Mit anderen Worten: der theologische Satz, der als solcher eine spezifisch theologische Bedeutung hat (einen theologischen Sachverhalt aussagt), bekommt durch ein eigenes

Verfahren eine empirische Bedeutung, sodaß er sich nun auf einen empirischen Sachverhalt bezieht - sei es im Sinn einer empirischen Behauptung, sei es im Sinn einer praktischen Norm. Umgekehrt wird ein empirischer Satz durch ein solches Verfahren mit theologischer Bedeutung ausgestattet, also der theologische Gehalt eines empirischen Satzes festgestellt.

Das dabei angewendete Verfahren, anhand dessen die gegenseitige theologische bzw. empirische 'Interpretation' zwischen den Sätzen vorgenommen wird, soll nun skizziert werden: dabei kann weniger eine rein faktische Beschreibung desselben gegeben werden, als vielmehr eine Reflexion darüber, wie es beschaffen sein könnte bzw. sollte. Dies hat seinen Grund darin, daß es allem Anschein nach innerhalb der kirchlichen Gemeinschaften zwar die diesbezügliche Praxis bereits gibt, jedoch keine ausführliche Theorie, die dieses Verfahren - die Vermittlung theologischer und empirischer Sätze als gegenseitige Interpretation - zum Gegenstand hätte.

2. Grundsätzlich ist ein solches Verfahren vorzustellen als ein Diskurs, bei dem sich die Teilnehmer durch Dialog und verständigungsorientierte Kommunikation hinsichtlich eines bestimmten Gegenstandes einigen[54]. Der Gegenstand ist die Bedeutung von bestimmten Sätzen, näherhin die Frage, welche empirische Bedeutung ein gegebener theologischer Satz erhalten soll (oder umgekehrt). Die Teilnehmer an diesem Diskurs versuchen dabei, durch den Austausch von (theologischer oder empirischer Fach-) Information sowie durch die Begründung ihrer Behauptungen

---

[54] Die folgenden Ausführungen verstehen sich in Anlehnung an die Theorie des Diskurses von J. Habermas. Vgl. dazu:
Habermas (1984) 114f.: "Diskurse sind Veranstaltungen mit dem Ziel, kognitive Äußerungen zu begründen. Kognitive Elemente wie Deutungen, Behauptungen, Erklärungen und Rechtfertigungen sind normale Bestandteile der täglichen Lebenspraxis. Sie füllen Informationslücken. Sobald aber deren Geltungsansprüche explizit in Zweifel gezogen werden, ist die Beschaffung weiterer Informationen kein bloßes Problem der Verbreitung mehr, sondern ein Problem des Erkenntnisgewinns. Im Falle grundsätzlicher Problematisierungen schafft der Ausgleich von Informationsdefiziten keine Abhilfe. Wir verlangen vielmehr nach überzeugenden Gründen, und im Diskurs versuchen wir, durch Gründe zu einer gemeinsamen Überzeugung zu gelangen."

zu einer Einigung darüber zu gelangen, welcher empirische Gehalt dem gegebenen theologischen Satz am ehesten entspricht. Da es sich hierbei um die Klärung von Bedeutungen (von Sätzen) handelt, kann dieses Verfahren als ein 'hermeneutischer Diskurs'[55] bezeichnet werden.

Ziel des Diskurses ist also, innerhalb einer Teilnehmergemeinschaft einen 'begründeten Konsens'[56] herzustellen, allerdings nicht im Sinne der 'Wahrheit'[57] eines Satzes, sondern seiner Eignung, einen theologischen Sachverhalt adäquat empirisch zu repräsentieren.

Über die formalen Eigenschaften eines solchen Diskurses braucht an dieser Stelle nicht näher eingegangen zu werden, da sie im Rahmen der entsprechenden thematischen Literatur ausführlich dokumentiert sind.[58]

3. Nun hat ein solches Verfahren der Vermittlung von theologischen und empirischen Sätzen aber viele Komponenten: neben der Art seiner inneren Organisation als Diskurs tritt zum zweiten die Komponente seiner äußeren Organisation - Regelungen bezüglich der Teilnehmer, bezüglich seiner Einberufung, bezüglich seiner Zuständigkeitsbereiche und der Verbindlichkeit von Beschlüssen, etc. -, und zum dritten die methodologische Komponente - diese betrifft die Verfahrensweisen und Kriterien, gemäß denen die gegenseitige 'Interpretation' der Sätze vorzunehmen ist. Darunter fallen einerseits

---

[55] Vgl. Habermas (1984) 115: "Einen hermeneutischen Diskurs führen wir, wenn die Geltung der Interpretation von Ausdrücken in einem gegebenen Sprachsystem umstritten ist."

[56] Zu diesem Ausdruck vgl. Habermas (1984) 160.

[57] Dies hätte zur Folge, daß solchen Sätzen eine Konsenstheorie der Wahrheit zugrundegelegt werden müßte, wie dies Habermas (1984) 127ff., bes. 159ff., tut. Dann würden aber diese Sätze ebenso wie die theologischen dem - oben aufgewiesenen - Verdikt verfallen, daß sie nicht in Widerspruch zu den empirischen treten können, da sie ja anders begründet sind. Um aber den empirischen Charakter dieser Sätze aufrechtzuerhalten, muß man ihnen den Status empirischer Hypothesen geben, die dann mit empirischen Sätzen in logische Beziehung treten können. So gesehen hat der oben beschriebene Diskurs "hypothesengenerierende" Funktion: er erbringt eine Einigung darüber, mit welcher empirischen Hypothese ein theologischer Sachverhalt adäquat ausgedrückt wird.

[58] Vgl. Habermas (1983), 53ff.; Habermas (1984), 159ff.

die Regeln zur Bestimmung der inhaltlichen Übereinstimmung von Sätzen, andererseits Regeln, die gewisse logische Probleme bei der 'Interpretation' klären. Demzufolge müßte eine umfassende Theorie dieses Verfahrens neben einer Theorie der formalen Eigenschaften des hermeneutischen Diskurses mindestens diese weiteren Komponenten berücksichtigen.

Im Rahmen dieser Untersuchung soll nur eine Komponente weiters behandelt werden, nämlich die methodologische. Aber auch diese soll nicht zur Gänze hier erörtert werden, sondern nur in einem ihrer Teilbereiche: nämlich hinsichtlich der logischen Prinzipien, die bei einer gegenseitigen 'Interpretation' theologischer und empirischer Sätze zu beachten sind. Es wird im folgenden also darum gehen, solche logische Prinzipien zu formulieren, die die In-Bezug-Setzung theologischer und empirischer Sätze normativ anleiten. Wovon die Prinzipien ihre Normativität herleiten, wird im nächsten Kapitel noch zu erörtern sein. Auch die Frage, warum solche Prinzipien überhaupt erforderlich sind, wird dort zu beantworten sein. Auf das Problem der Regeln, nach denen eine inhaltliche Übereinstimmung von theologischen und empirischen Sätzen festgestellt wird, kann hier nicht eingegangen werden; dies würde ausgedehnte Untersuchungen erfordern, die die Kompetenz des Autors überbeanspruchen würden. Jedoch soll zu dem bereits mehrmals verwendeten Ausdruck "inhaltliche Übereinstimmung" einiges Erläuternde gesagt werden - ebenfalls im nächsten Kapitel, welches die Grundzüge einer solchen Theorie der In-Bezug-Setzung theologischer und empirischer Sätze zum Gegenstand hat.

4. Zuvor ist noch die Frage der Benennung eines solchen Verfahrens zu erheben. Nachdem - wie oben festgestellt - keine ausführliche Theorie zu diesem Verfahren (oder einer seiner Komponenten) bisher zu bestehen scheint, dürfte sich nicht leicht ein Name finden, an den hier angeknüpft werden könnte. Dennoch ist die Sache nicht völlig neuartig; es gibt einzelne Autoren, die allem Anschein nach sich über

ein solches Vorgehen Gedanken gemacht haben. Daher ist es naheliegend, diesbezügliche Überlegungen zu berücksichtigen und gegebenenfalls brauchbare Anregungen im weiteren zu verwenden.

Zieht man in Betracht, daß viele der Autoren, die die Thematik der In-Bezug-Setzung theologischer und empirischer Sätze behandeln, dies in kaum anderer Weise vornehmen denn als Formulierung von (eher) abstrakten Forderungen[59], so erscheinen die diesbezüglichen Ausführungen H. Schröers[60] als die konkretesten Überlegungen.

Schröer scheint deutlich vor Augen zu haben, daß zwischen theologischen Theorien und empirischen Theorien kein nahtloser (logischer) Übergang möglich ist; aus diesem Grund steht er gängigen praktisch-theologischen Modellen der In-Bezug-Setzung theologischer und empirisch-praktischer Sätze mit Skepsis gegenüber: " ...da Theologie und [empirische] Theorie für mich nur teilidentisch sind, kann ich nicht zustimmen, wenn das Praxis-Theorie-Modell umfassend wird" (S.218). Der Ausdruck "teilidentisch" ist zwar selbst problematisch und bedürfte einer näheren Ausdeutung; jedoch scheint Schröer damit eine derartige Differenz zwischen theologischen und empirischen Sätzen zu meinen, die oben - durch die Untersuchungen in den vorhergegangenen Kapiteln - beschrieben

---

[59] Z.B. Zerfaß, in: Klostermann/Zerfaß (1974), 168: "...das erhobene Datenmaterial muß ... mit dem geltenden Überlieferungsanspruch konfrontiert werden". Zerfaß erläutert allerdings nicht, wie diese "Konfrontation" im konkreten vor sich gehen soll.
Weiters: Greinacher, in: Klostermann/Zerfaß (1974), 111: "Das bedeutet..., daß die [praktisch-theologische] Theorie auf der Grundlage der Sache Jesu und ihrer Tradierungsgeschichte, der geschichtlich gewordenen kollektiven kritischen Rationalität und den Erkenntnissen der nicht-theologischen Wissenschaften die kirchliche Praxis kritisch reflektieren muß." Greinacher scheint zu meinen, daß eine theologische Theorie Sätze der Bibel ("Sache Jesu"), der kirchlichen Überlieferung ("Tradierungsgeschichte"), der Philosophie ("kollektive kritische Rationalität") und der "nicht-theologischen" (also (auch) empirischen) Wissenschaften umfassen und sie daraufhin untersuchen sollte, inwieweit sie in Widerspruch zueinander treten ("kritisch reflektieren"). Daß diese Vorgangsweise - aus logischen Gründen! - undurchführbar ist, wurde in dieser Arbeit bereits gezeigt.
Weiters: Gremmels, in: Klostermann/Zerfaß (1974),250: "Begegnung mit den nicht-theologischen Wissenschaften"; vgl. auch die im 1. Kapitel dieser Arbeit vorgenommene Durchsicht der thematischen praktisch-theologischen Literatur.
[60] Schröer, in: Klostermann/Zerfaß (1974), 206ff.

wurde. Schröer verdeutlicht seine Ansicht, indem er feststellt: "Wie biblisch Weisheit und Wissenschaft der Moderne sich zueinander verhalten, ist noch nicht hinreichend geklärt" (ebda.). In eben dieser Hinsicht schlägt er nun vor, eine "... Neuaufnahme des Begriffs bzw. des Problems der Applikation" (ebda.) vorzunehmen; wozu er des näheren ausführt: "Der alte Begriff einer *theologia applicata*, wie ihn G. J. Planck vor Augen hatte, ist gewiß tot; ihn wiederzubeleben, wäre unsinnig. Aber das Problem, Wissenschaftstheorie und Pneumatologie zusammenzudenken, ist gestellt und gerade dies versuchte seinerzeit auch die altprotestantische Orthodoxie mit der Neubildung des Lehrstücks *De applicatione gratiae spiritus sancti* zu leisten. Von Praxisnähe zu reden, ist sinnvoll, wenn man nicht vergißt, daß der Bezugspunkt nicht nur eine Theorie, sondern auch eine Geschichte und eine aktuelle Lebenswelt des Glaubens sind" (ebda.). Mit letzterem Satz weist Schröer ganz offensichtlich - wenn auch mit einer wenig präzisen Sprache - auf das Problem hin, daß Sätze der Praxisanleitung ("Praxisnähe") sowohl auf eine empirische Theorie ("Theorie") als auch auf eine theologische Theorie ("Geschichte und aktuelle Lebenswelt des Glaubens"[61]) Bezug zu nehmen haben.

Schröer gelangt zwar nicht dazu, zum gegenständlichen Problem einen Lösungsvorschlag auszuarbeiten und anzubieten, jedoch hat er das Problem als solches erkannt und mit einer (der selben oder bloß ähnlichen?) Fragestellung der traditionellen Praktischen Theologie in Verbindung zu setzen gewußt. Sein Vorschlag, hierzu den Begriff der "Applikation" wiederaufzunehmen, soll im folgenden akzeptiert werden - wenngleich auf das mit diesem Begriff im ursprünglichen

---

[61] Wobei die (weiteren) Formulierungen Schröers an dieser Stelle den Eindruck erwecken, als hätte er dabei keine objektive theologische Theorie im Auge, sondern subjektive "Erfahrungen des Glaubens". So sagt er selbst (ebda.): "Wissenschaftstheoretisch ergeben sich gewiß aporetisch wirkende Probleme, wenn Selbstauslegung als Erfahrungskriterium berücksichtigt werden muß..." Darin ist ihm völlig zuzustimmen; Theologie auf der Basis von "Glaubenserfahrungen" hätte eine psychologistische Begründung dieser Disziplin und damit den Verlust ihrer Objektivität zur Folge. Vgl. dazu: Morscher, in: Weinzierl (1974), 342f..

Sinn verknüpfte Problem hier nicht weiter eingegangen werden kann[62].

Im weiteren soll also die In-Bezug-Setzung theologischer und empirischer Sätze als Applikation bezeichnet werden, und zwar: als Applikation theologischer auf empirische Sätze bzw. umgekehrt. Mit ersterem soll die Interpretation eines theologischen Satzes mit empirischem Gehalt, mit zweiterem die Interpretation eines empirischen Satzes mit theologischem Gehalt ausgesagt sein. Das Verfahren (z.B. der Diskurs), der zu einer solchen Applikation als Ergebnis führt, wird - ganz allgemein - Applikationsverfahren genannt werden. Mit dieser terminologischen Klärung soll nun fortgeschritten werden zur Erarbeitung einiger grundlegender Gesichtspunkte: nämlich wie eine solche Applikation in methodologischer, insbesonders in logischer Hinsicht vorzustellen sei.

---

[62] Das hierzu vermerkte Literaturdokument: C.J. Planck, Einleitung in die theologischen Wissenschaften II (1794/95)(!), war nicht zugänglich.

4. GRUNDZÜGE EINER THEORIE DER APPLIKATION

4.1. Applikation als Beziehung zwischen Bedeutungen

1. Theologische und empirische Sätze sind also - wie sich gezeigt hat - in keine direkte logische Beziehung zu bringen, sodaß es, um zwischen diesen beiden Satzklassen gegenseitige Ableitbarkeit oder Kritisierbarkeit zu ermöglichen, eines vermittelnden Verfahrens bedarf. Für dieses Verfahren wurde im letzten Kapitel die Bezeichnung "Applikation" vorgeschlagen; wie es näherhin vorzustellen ist, soll mit den folgenden Ausführungen zumindest im groben umrissen werden.

2. Die Applikation eines theologischen Satzes auf einen empirischen Satz bzw. eines empirischen auf einen theologischen Satz drückt grundsätzlich die Beziehung einer 'Bedeutungsäquivalenz' bzw. 'Bedeutungskongruenz' zwischen diesen beiden Sätzen aus. Diese beiden Termini bezeichnen eine inhaltliche Entsprechung von Sätzen, die im Falle der 'Bedeutungsäquivalenz' eine vollständige, im Falle der 'Bedeutungskongruenz' eine weitgehende ist.

Dies ist auf folgendem Hintergrund zu verstehen: ein theologischer Satz drückt einen spezifisch theologischen Sachverhalt aus, ein empirischer einen spezifisch empirischen. Durch eine Applikation eines theologischen auf einen empirischen wird nun behauptet, daß die beiden Sätze hinsichtlich derjenigen Aspekte, die ihre Bedeutung betreffen (z.B. Extension oder Intension der Begriffe, Intention der Aussage, Gültigkeitsbereich,...), völlig oder teilweise übereinstimmen. Dann liegt im ersteren Fall eine 'Äquivalenz' der Bedeutungen vor, im zweiteren eine 'Kongruenz'. Vorausgesetzt ist dabei, daß sich die Bedeutung von Sätzen feststellen läßt - d.h., daß im Rahmen einer theologischen Semantik geeignete Methoden existieren, die erlauben, die (theologische) Bedeutung eines theologischen Satzes hinlänglich genau festzustellen.

Ein Beispiel für eine Bedeutungsäquivalenz wäre diejenige inhaltliche Übereinstimmung, wie sie zwischen dem (für die Katholische Kirche wahren) theologischen Satz "Der Papst ist das Oberhaupt der Kirche" und dem empirischen Satz "Der Papst ist das Oberhaupt der Katholischen Kirche" besteht[63]. In beiden Sätzen haben die Begriffe "Papst" und "Katholische Kirche" die selbe Extension, und auch das Prädikat "Oberhaupt" kann so definiert werden, daß es in beiden Fällen für die gleichen (oder zumindest im wesentlichen übereinstimmenden) Eigenschaften steht. Damit wird dem theologischen Satz ein empirischer Satz zugeordnet, von dem nun gilt, daß er die theologische Bedeutung vollständig in einem empirischen Sachverhalt ausdrückt.

Ein Beispiel für eine Bedeutungskongruenz hingegen wäre diejenige inhaltliche Übereinstimmung, wie sie zwischen dem theologischen Satz "Die christliche Gemeinde ist wie ein Leib, der aus vielen Gliedern besteht" und dem empirischen Satz: "In (dem Sozialgebilde) einer christlichen Gemeinde hat jedes Mitglied eine gemeindespezifische Funktion inne". Der empirische Satz drückt hier etwas aus, das dem theologischen Satz entspricht, wenn auch nicht zur Gänze; es wäre denkbar, daß die Bedeutung des theologischen Satzes eine weitergehende ist, als daß sie einzig und vollständig durch diese hier gegebene Beschreibung eines empirischen Sachverhalts erfaßt wäre. Ein weiteres Beispiel für eine Bedeutungskongruenz wäre die (natürlich fragwürdige) Übereinstimmung zwischen dem theologischen Satz "Die Kirche ist eine Einheit" und dem empirischen Satz "In der gesamten Kirche besteht die gleiche liturgische Ordung". Der empirische Satz drückt hier lediglich *einen* Aspekt des

---

[63] Diese beiden Sätze werden - je nachdem, ob sie als theologischer oder empirischer Satz gemeint sind - unterschiedlich begründet: die Wahrheit des Satzes "Der Papst ist Oberhaupt der Katholischen Kirche", sofern er als theologischer gemeint ist, wird aufgewiesen, indem geeignete theologische Belegstellen (z.B. in der Bibel, in lehramtlichen Texten, in Konzilslehren,...) vorgebracht werden. Die Wahrheit dieses Satzes als eines empirisch gemeinten wird aufgewiesen, indem durch empirische Methoden (Beobachtung, Befragung, Textanalysen,...) erhoben wird, daß in demjenigen Sozialgebilde, welches "Katholische Kirche" genannt wird, eine hierarchische Ordnung der Kompetenzstrukturen besteht, wobei den höchsten diesbezüglichen Rang der Papst innehat.

theologischen Satzes über die Einheit der Kirche aus; er gibt dessen Bedeutung auf der empirischen Ebene nur zu einem Teil wieder. Bei diesem Beispiel wird übrigens ersichtlich, daß die Übereinstimmung zwischen beiden Sätzen keine 'automatische' ist: denn es dürfte nicht unumstritten sein, ob diese beiden Sätze tatsächlich bedeutungskongruent sind. Jedenfalls ist vorstellbar, daß jemand verneint, daß dem theologischen Sachverhalt der 'Einheit der Kirche' der empirische Sachverhalt der 'überall gleichen liturgischen Ordng' (auch nur teilweise) entspricht. Hier zeigt sich ein Problem, das im nächsten Abschnitt behandelt wird: das des voluntativen Charakters der Applikation.

Wenn also der Fall vorliegt, daß ein gegebener theologischer Satz hinsichtlich seiner Bedeutung vollständig durch einen empirischen Satz wiedergegeben werden kann, so wird diese Gleichheitsbeziehung eine Bedeutungsäquivalenz genannt. 'Bedeutungsäquivalenz' darf allerdings nicht mit logischer Äquivalenz gleichgesetzt werden - was ja nach den bisherigen Feststellungen über die logische Inkompatibilität der beiden Satzklassen ohnedies nicht möglich ist. Es handelt sich hierbei vielmehr um einen Begriff der Semantik, der keine formale, sondern eine inhaltliche Übereinstimmung eines theologischen mit einem empirischen Satz bezeichnet.

3. Es dürfte im übrigen so sein, daß Bedeutungsäquivalenzen in der Praktischen Theologie eher selten sind, hingegen wird es sich bei denjenigen Beziehungen, die zwischen theologischen und empirischen Sätzen innerhalb der Praktischen Theologie hergestellt werden, zumeist um Bedeutungskongruenzen handeln. Allerdings ist festzustellen, daß es bisher noch keine Theorie über diesen Gegenstand gibt; d.h. Definitionen, begriffliche Klärungen, Auflistungen von Kriterien für die Äquivalenz und Kongruenz theologischer und empirischer Sätze (oder eventuell Begriffe), etc., wie sie innerhalb der Praktischen Theologie benötigt werden, sind erst zu erstellen.

4.2. Der voluntative Charakter der Applikation

1. Ein wesentlicher Charakterzug der Applikation ist derjenige, daß sie ihre Gültigkeit durch einen Willensbeschluß erlangt. Ihr geht nämlich voraus ein Diskussions- und Verständigungsprozeß (Diskurs) der Glaubensgemeinschaft über die jeweilige Bedeutung von Sätzen: ist die Glaubensgemeinschaft im Verlaufe eines solchen Diskurses zu der Überzeugung gekommen, daß ein bestimmter empirischer Sachverhalt inhaltlich einem bestimmten theologischen Sachverhalt entspricht, so beschließt sie (durch gemeinsame Zustimmung), die beiden Sätze aufeinander zu applizieren. Das bedeutet, sie erklärt einen gegebenen theologischen Satz mit einem gegebenen empirischen Satz für bedeutungsäquivalent bzw. -kongruent.

Der Vorgang einer Verständigung darüber, welche Bedeutung ein Satz hat, ist in diesem Zusammenhang sehr wichtig: die Bedeutung eines Satzes (zumal eines theologischen!) ist häufig nicht von vornherein festgelegt, sondern wird (zumindest in Nuancen) durch situations- oder gemeinschaftsspezifische Umstände beeinflußt. Es ist also erforderlich, daß sich eine konkrete Gemeinschaft in einer konkreten raum-zeitlich bestimmten Situation über die - auf sie und ihre raum-zeitliche Situation bezogene - Bedeutung der Sätze verständigt, die sie aufeinander applizieren möchte. Daß dies in Form eines speziellen 'hermeneutischen' Diskursverfahrens geschehen könnte, wurde bereits angedeutet.

2. Der voluntative Charakter der Applikation ist demnach ein wichtiges Merkmal, welches impliziert: daß ein bestimmter theologischer Satz als gleichbedeutend mit einem jeweiligen empirischen Satz betrachtet wird, hat seinen Grund nicht vorrangig in einer 'faktischen' Übereinstimmung ihrer Sachverhalte, sondern in einer willentlichen Festlegung einer Glaubensgemeinschaft. Diese kommt überein, nachdem sie sich über den Sinn von Sätzen (bezogen auf ihre Situation) verständigt hat, diese und jene Sätze als bedeutungs-

äquivalent bzw. -kongruent zu betrachten. Die bedeutungsmäßige Entsprechung zweier Sätze wird also durch die willentliche Zustimmung der am Diskurs beteiligten Individuen festgelegt, wobei der Festlegung natürlich - im Normalfall - eine 'rationale' Diskussion vorausgeht, sodaß "Voluntativität" nicht im Sinn von "Willkürlichkeit" interpretiert werden darf. Die Gültigkeit einer Applikation steht aber jedenfalls in Relation zu den Umständen, unter denen sie zustande gekommen ist: d.h. zur Gemeinschaft und ihrer raumzeitlichen Situation. Dem Prinzip nach besagt dies: Applikationen von Sätzen sind immer nur eingeschränkt gültig sowie reversibel. Sie haben ihre Gültigkeit für eine bestimmte Gemeinschaft, wobei diese Gemeinschaft eine vorgenommene Applikation auch wieder zurücknehmen kann - soferne sie durch neue Einsichten zur Überzeugung kommt, daß eine Bedeutungsentsprechung von bisher applizierten Sätzen nicht (mehr) besteht. Weiters unterliegt eine Applikation in ihrer Gültigkeit raum-zeitlichen Beschränkungen: eine Glaubensgemeinschaft kann nur für sich selbst - also für die ihr angehörigen Mitglieder - gültige Applikationen vornehmen. Dies ist auch innerhalb einer Glaubensgemeinschaft in Betracht zu ziehen: denn üblicherweise gibt es innerhalb der hierarchisch verfaßten Glaubensgemeinschaften bestimmte Gremien, denen bestimmte Zuständigkeitsbereiche - von raum-zeitlich strikt begrenzten (z.B. Pfarrgemeinderat) bis hin zu raum-zeitlich umfassenden (z.B. ein Konzil) - zuerkannt werden. In dieser Hinsicht leitet sich der Gültigkeitsbereich einer Applikation davon her, durch welches Gremium sie in Kraft gesetzt wurde. Soferne es sich um ein Gremium mit umfassender Kompetenz (z.B. ein Konzil) handelt, ist eine vorgenommene Applikation für die gesamte Glaubensgemeinschaft, die dieses Konzil veranstaltet hat, gültig. Aber in den meisten Fällen - vor allem, was die Praktische Theologie betrifft - werden Applikationen von Gremien mit begrenzter Kompetenz vorgenommen, beispielsweise von einzelnen Gemeinden oder Gruppierungen innerhalb der Glaubensgemeinschaft. Dann ist die Gültigkeit einer Applikation auf eben diese Gemeinschaft beschränkt, die die Applikation vorgenommen hat. Der räumlichen Begrenztheit des Geltungsbereichs entspricht natürlich auch eine zeitliche: soferne nämlich eine Glaubensgemeinschaft eine bislang bestehende Applikation aufgibt oder eine neue - die frühere Applikation widerrufende - vornimmt, findet die Gültigkeit einer Applikation ihr Ende.

4.3. Prinzipien der Applikation

1. Bisher wurde festgestellt, daß die Applikation als eine Ähnlichkeitsbeziehung von theologischen und empirischen Sachverhalten zu verstehen ist und daß sie ihre Gültigkeit durch einen (auf rationaler Diskussion basierenden) Beschluß der Glaubensgemeinschaft erhält. Letzteres hat zur Folge, daß die Gültigkeit einer Applikation relativ ist; und daß es ist nicht möglich ist, Applikationen ohne Bezug auf eine Glaubensgemeinschaft (und deren konkrete Situation) vorzunehmen. Denn eine Applikation besteht nur dadurch, daß sie durch eine Glaubensgemeinschaft in Kraft gesetzt wird.

Wenn es nun auch nicht möglich ist, Applikationen von theologischen und empirischen Sätzen unabhängig von einer Glaubensgemeinschaft und ihrer Situation festzulegen, so ist es doch möglich, gewisse Regeln zu formulieren, die bei der Vornahme einer Applikation (durch die Glaubensgemeinschaft) zu beachten sind. Die Formulierung dieser Regeln muß sich dabei an einem zweifachen Ziel orientieren:

Erstens sollen diese Regeln gewährleisten, daß bei der Vornahme einer Applikation nicht Willkür herrscht. Der Umstand nämlich, daß die einzelnen Glaubensgemeinschaften in gewisser Weise autonom sind bei der Feststellung von Bedeutungskorrespondenzen zwischen theologischen und empirischen Sätzen, erfordert umso mehr eine strenge methodische Vorschrift, wie bei diesem Vorgehen zu verfahren ist. Durch präzise zu beachtende Regeln soll also verhindert werden, daß Bedeutungskorrespondenzen nach Belieben und ohne kritische Prüfung vorgenommen werden.

Zweitens sollen diese Regeln auf die Aufgabenstellung der Praktischen Theologie hingerichtet sein. Sie sollen gewährleisten, daß die Praktische Theologie ihre Aufgabe - nämlich die In-Bezug-Setzung theologischer und empirischer Theorien - in möglichst sachlicher, objektiver und methodisch ausweisbarer Form vornimmt. Hierbei spielt natürlich der Anspruch der Praktischen Theologie, eine wissenschaftlich verfahrende Disziplin zu sein, eine wichtige Rolle: denn als solche muß sie die von diesen Disziplinen verlangten Standards der sachlichen Begründung und methodischen Überprüfung ihrer Behauptungen ebenfalls erfüllen können.

2. Die Applikation ist also die Verknüpfung (bzw. In-Beziehung-Setzung) zweier Sätze (nämlich eines theologischen und eines empirischen), sodaß damit ihre 'Bedeutungsäquivalenz' bzw. 'Bedeutungskongruenz' behauptet wird. Demnach gilt: wenn der theologische Satz a auf den empirischen Satz x (oder umgekehrt) appliziert wird[64], so ist damit behauptet, daß diese beiden Sätze nach dem Verständnis einer Glaubensgemeinschaft als bedeutungs-äquivalent oder -kongruent (im oben beschriebenen Sinn) zu betrachten sind.

Da es sich bei der Applikation also um eine Entsprechung von Sätzen auf der semantischen Ebene handelt, ist es nicht möglich, diese Beziehung als logische aufzufassen und durch ein logisches Symbol (z.B. das Äquivalenzzeichen " < - > ") zu bezeichnen. Jedoch soll - in Analogie zu den logischen Zeichen - im folgenden ein Zeichen verwendet werden, das diese Entsprechung der Sachverhalte

---

[64] Von nun an werden - wegen der handlicheren Schreibweise - die Buchstaben "a", "b", "c" als Variablen für theologische Sätze und die Buchstaben "x", "y", "z" als Variablen für empirische Sätze verwendet. Soferne nicht von Aussageformen, sondern von Schemata dieser Formen die Rede ist, stehen dafür in analoger Weise die Großbuchstaben "A", "B", "C" bzw. "X", "Y", "Z".

ausdrückt. Dieses Zeichen wird "Applikationszeichen" bzw. "Applikationsindikator" genannt und hinsichtlich seiner Funktion folgendermaßen definiert:

Durch das Applikationszeichen " Å" wird die Beziehung der Bedeutungskorrespondenz (Äquivalenz oder Kongruenz im oben beschriebenen Sinn), wie sie nach Ansicht einer Glaubensgemeinschaft zwischen einem theologischen und einem empirischen Satz besteht, ausgedrückt.

Die Verwendung des Applikationszeichens geschieht folgenderart: "a Å x" steht für "der theologische Satz a ist gültig appliziert auf den empirischen Satz x";
"x Å a" steht für: "der empirische Satz x ist gültig appliziert auf den theologischen Satz a".

Eine Formel gemäß A Å X bzw. X Å A drückt also stets eine bestehende - d.h. innerhalb einer Glaubensgemeinschaft gültige - Bedeutungskorrespondenz aus. Soferne diese Korrespondenz nicht besteht, wird dies durch die logische Verneinung der Formel, also durch "-(A Å X)" bzw. "-(X Å A)" ausgedrückt. Soferne diese Korrespondenz als ungültig erwiesen ist (was heißt, daß sie zwar besteht, aber falsch ist) wird dies durch das durchgestrichene Applikationszeichen "Å" zum Ausdruck gebracht[65]. Damit sind Bedeutung und Gebrauch des Applikationszeichens vollständig beschrieben.

Zu beachten ist, daß - im Unterschied zur Gültigkeit einer Applikation - ihre Ungültigkeit nicht ausschließlich durch einen Beschluß der Gemeinschaft zustande kommt. Die Ungültigkeit kann vielmehr auch (und sogar in den meisten Fällen) durch faktische

---

[65] Notwendigerweise muß, wenn von zwei beliebigen Sätzen a und x erwiesen ist, daß a Å x der Fall ist, zur Folge haben, daß die Applikation von a und x in diesem Fall aufgegeben wird, sodaß dann gilt: -(a Å x).

Umstände erwiesen werden. Dies war beispielsweise in den oben erwähnten theologisch-wissenschaftlichen Kontroversen der Fall: dabei war die Glaubensgemeinschaft der Überzeugung, daß ein bestimmter theologischer Satz einem anderen bestimmten empirischen Satz entspreche. Nachdem aber die wissenschaftlichen Forschungen hinreichend nachgewiesen hatten, daß eben dieser empirische Satz falsch ist, war auch die Entsprechung der beiden Sätze nicht mehr möglich; die Applikation war damit als ungültig erwiesen[66]. Eine dritte Möglichkeit, durch die eine ungültige Applikation zustande kommen kann, ist durch Verstoß gegen gewisse grundlegende Regeln, die im folgenden noch formuliert werden. Auf die verschiedenen Möglichkeiten, wie Applikationen als ungültig erwiesen werden können, wird später ausführlich eingegangen.

3. Welche Regeln sind nun in Betracht zu ziehen, die gewissermaßen als notwendige Voraussetzungen bzw. als Prinzipien der Applikation zu gelten hätten? Zu beachten ist dabei der Zweck, der durch die Regelung der Applikation erreicht werden soll: die Applikation ist ein für die Aufgabenstellung der Praktischen Theologie notwendiges Verfahren zur Vermittlung theologischer und empirischer Sätze. Dabei darf - entsprechend den Erfordernissen einer wissenschaftlichen Vorgangsweise - nicht nach Willkür oder Beliebigkeit verfahren werden, sondern nach begründeten Kriterien, die eine ernstzunehmende und sachliche Vorgangsweise garantieren. Eben dies soll durch die Regeln, welche die Vornahme einer Applikation anleiten, gewährleistet werden. Die Begründung, warum die folgenden Regeln als normative Prinzipien der Applikation formuliert werden, ist also die folgende: diese Regeln verstehen sich als notwendige Voraussetzungen dafür, daß die Vornahme von Applikationen in einer objektiven und sachlichen Weise geschehen

---

[66] Vorausgesetzt ist hier, daß es nicht sinnvoll ist, einen wahren theologischen Satz auf einen falschen empirischen Satz zu applizieren. Warum sich dies so verhält, wird unten (bei der Erörterung des 2. Applikationsprinzips) dargestellt; vorläufig soll der Hinweis genügen, daß es - in historischer Hinsicht - seitens der Glaubensgemeinschaften nie üblich war, die Entsprechung eines theologischen Satzes mit einem nachgewiesenen falschen empirischen Satz zu behaupten.

kann, wie sie für die Aufgabenstellung der Praktischen Theologie gefordert wird. Wird (nur) eine einzige der im folgenden formulierten Regeln nicht beachtet, so ergeben sich Ungereimtheiten in der Vornahme von Applikationen, was zur Folge hat, daß die Praktische Theologie für sich nicht den Anspruch einer seriösen und sachlichen Vorgangsweise erheben könnte. Wie sich dies im konkreten verhält, wird bei der Erörterung der einzelnen Regeln besprochen.

An dieser Stelle sollen vier solche 'Prinzipen der Applikation' vorgeschlagen werden, wobei mit dieser Zahl keinerlei Endgültigkeit behauptet ist. Diese vier verstehen sich vielmehr als ein Minimalbestand, sodaß auf keines verzichtet werden kann, ohne dadurch Unsinnigkeiten bei der Applikation zu ermöglichen. Die 'Unsinnigkeiten' bemessen sich dabei am Ziel und an der Aufgabe der Praktischen Theologie: der objektiven, überprüf- und kritisierbaren Vermittlung theologischer und empirischer Sätze.

Der Status der hier formulierten Prinzipien ist der von normativen Regeln. D.h. sie verstehen sich nicht als Axiome, aus denen - wie in formalisierten logischen Systemen - nach gewissen Regeln Theoreme ableitbar wären, sondern als Anleitungen bzw. Hinweise, worauf bei der Erstellung von Applikationen zu achten ist, damit es nicht zu unhaltbaren oder unakzeptablen Ergebnissen kommt.

4. Es ist vor der Formulierung dieser Regeln allerdings noch eine wichtige Klärung vorzunehmen: Wie eben festgestellt, verstehen sich diese Regeln nicht als Axiome im logischen Sinn, die als solche eine 'logische' Gültigkeit der von ihnen abgeleiteten Sätze implizieren würden. Sie verstehen sich als normative Anleitungen, die in keiner logischen Beziehung zu den Sätzen stehen, für die sie gelten (sie befinden sich auf einer Metaebene zu diesen Sätzen). Sie beanspruchen eine andere Art der 'Gültigkeit': indem sie vorschreiben, wie sich die durch Applikation verknüpften Sätze zueinander

verhalten müssen. Da in den folgenden Ausführungen neben diesen Regeln, die auf ihre Weise 'Gültigkeit' beanspruchen, auch des öfteren von 'logischer Gültigkeit' die Rede ist, welche die logischen Beziehungen zwischen Sätzen betrifft, soll zum Zweck der besseren Unterscheidung dieser beiden Arten der 'Gültigkeit' eine terminologische Festlegung getroffen werden:

Als 'l-gültig' werden im folgenden jene Sätze bezeichnet, die ihre Gültigkeit aufgrund logischer Beziehungen zu anderen Sätzen innehaben.

Als 'a-gültig' werden im folgenden jene Sätze bezeichnet, die eine Gültigkeit aufgrund der Regeln der Applikation erlangen, denen sie unterliegen.

Als 'gültig' werden jene Sätze bezeichnet, die ihre Gültigkeit entweder aufgrund der Regeln der Applikation oder aufgrund logischer Beziehungen zu anderen Sätzen erhalten, oder durch eine andere, unspezifische Weise (z.B. aufgrund des faktischen Bestehens eines Sachverhalts, der Gültigkeit einer Norm,...) 'Gültigkeit' innehaben. In diesem Gebrauch entspricht das Wort "gültig" seinem üblichen, unspezifischen Sinn als Oberbegriff für verschiedene Weisen der Gültigkeit.

Dieser eben getroffenen Unterscheidung entsprechend sind auch sämtliche ähnliche Formulierungen (wie etwa "L-Gültigkeit/A-Gültigkeit/Gültigkeit" oder "l-gilt/a-gilt/gilt") zu verstehen.

<u>Erstes Applikationsprinzip (Prinzip der aussagenlogischen</u>
<u>Parallelität):</u>

AP(1):   Für die aussagenlogische Verknüpfung von theologischen Sätzen gelten die gleichen aussagenlogischen Regeln wie für die Verknüpfung empirischer Sätze.

Im einzelnen besagt dieses erste Prinzip, daß für theologische Sätze folgende Regeln a-gelten:

Wenn A und B Schemata für aussagenlogische Formen theologischer Sätze sind und wenn "f" die Funktion der Repräsentation von der Menge der theologischen Sätze in die Menge der aussagenlogischen Variablen bezeichnet[67], dann a-gilt:

(1) soferne $f(A) = W$, dann $f(-A) = F$;

(2) soferne $f(A) = W$ und $f(B) = W$, dann $f(A . B) = W$;
     soferne $f(A) = F$ oder $f(B) = F$, dann $f(A . B) = F$;

(3) soferne $f(A) = F$ und $f(B) = F$, dann $f(A \lor B) = F$;
     soferne $f(A) = W$ oder $f(B) = W$, dann $f(A \lor B) = W$;

(4) soferne $f(A) = W$ und $f(B) = F$, dann $f(A \rightarrow B) = F$;
     soferne $f(A) = F$ oder $f(B) = W$, dann $f(A \rightarrow B) = W$.

Dieses Prinzip bzw. die mit diesem Prinzip verknüpfte Forderung ist an sich trivial, jedoch - wie es scheint - nicht unumstritten. Die Stellung der Logik innerhalb der Theologie ist nicht eine einheitlich anerkannte; bisweilen wird sie sogar explizit als für diese Disziplin ungeeignet zurückgewiesen.

---

[67] "f(a)" ist demnach zu lesen als: "die einen bestimmten theologischen repräsentierende Variable a".

Bochenski[68] führt als Beleg für diese Ambiguität an, daß einerseits Theologen als Logiker 'scharfsinnige Untersuchungen' über die formale Logik verfaßt haben und auch selbst die Logik auf die Theologie anwandten; daß aber andererseits Theologen die Logik als 'ein Werk des Teufels' (Petrus Damianus, ähnlich Luther) abgelehnt und ihre Anwendung auf die Theologie für nicht zulässig erklärt haben. Dies ist wohl so zu verstehen, daß sie die Gültigkeit derjenigen logischen Regeln, wie sie hier durch AP(1) gefordert wird, für theologische Sätze abgelehnt hätten.

Die Frage ist: welche Konsequenzen hätte es, AP(1) in einer theologischen Theorie nicht zu beachten? Soferne diese Theorie keinen Wert darauf legen würde, mit irgendeiner anderen Theorie in Beziehung zu treten (z.B. Sätze einer anderen Theorie zu überprüfen oder zu kritisieren; oder eigene Sätze in eine andere Theorie einzuführen und umgekehrt,...) - solange also diese Theorie nur mit ihrer eigenen 'Nabelschau' beschäftigt wäre -, hätte die Nicht-beachtung von AP(1) für sie kaum bedenkenswerte Folgen. Im Gegenteil, die Nichtbeachtung von AP(1) würde ihr sehr großen Spielraum gewähren für das Herstellen theorie-interner Beziehungen, sodaß sie beliebige Verknüpfungen von Sätzen vornehmen und wieder rückgängig machen bzw. diese nach willkürlichem Belieben für wahr oder für falsch erklären könnte. Zwar hätte ein solches Vorgehen durchaus auch merkwürdige theorie-interne Konsequenzen (etwa wenn sowohl ein Satz a als auch sein Gegenteil -a wahr wären), sodaß widersprüchliche Behauptungen oder ungerechtfertigte Schlüsse nicht als unakzeptabel zurückgewiesen würden; jedoch könnte es durchaus im Sinne einer theologischen Theorie liegen, daß es ihr gar nicht darum geht, objektiv mitteilbare Aussagen zu erstellen, sondern lediglich darum, Gefühle in den Hörern oder Lesern ihrer Sätze zu erzeugen.

---

68 Bochenski (1968), 28ff.

Wenn es nämlich der Zweck einer theologischen Theorie ist, daß sie nicht Behauptungen über objektive Sachverhalte aufstellt, sondern spezifische Gefühle (z.b. der Ergriffenheit, des Erschauderns, des Entzückens, der Liebe, der Ruhe, u.a.) erzeugen möchte, dann kann man es ihr nicht verwehren, daß sie AP(1) diesem Zweck als undienlich auffaßt und deshalb nicht beachtet.

In der Tat scheint dies sehr häufig der Fall zu sein; es gibt zahlreiche religiöse Literatur, die theologische Sätze dazu verwendet, um erbauend oder tröstend zu wirken, und - gemessen an diesem Kriterium - erscheint es durchaus sinnvoll, beispielsweise sowohl den Satz "Der Mensch ist ein Nichts vor Gott" als auch den Satz "Der Mensch ist groß vor Gott" zugleich als wahr zu behaupten, soferne beide Sätze geeignet sind, die der Religion zuträglichen Gefühle zu erzeugen.

Wenn allerdings von einer theologischen Theorie gefordert wird, daß sie mit einer anderen nicht-theologischen (z.b. pädagogischen, psychologischen,...) Theorie in Beziehung treten soll - beispielsweise weil die Glaubensgemeinschaft ein Interesse daran hat, die Gestaltung ihrer pädagogischen oder seelsorgerlichen Handlungen nach Maßgabe sowohl theologischer als auch (empirischer) pädagogischer und psychologischer Theorien vorzunehmen - dann hätte die Nichtbeachtung von AP(1) aber schlimme Konsequenzen:

Würde nämlich für eine theologische Theorie zugelassen sein, daß in ihr widersprüchliche Sätze zugleich wahr sein können, sodaß also a-gilt: $f(a) = W$ und zugleich: $f(-a) = W$, dann sähe sich die Glaubensgemeinschaft in einer schwierigen Lage, wenn sie versucht, die Bedeutungskongruenz der Sätze dieser Theorie zu den Sätzen einer anderen Theorie herzustellen: Da es sich sowohl bei a als auch bei -a um einen wahren theologischen Satz handelt, müßte zu gegenteiligen (theologischen) Sachverhalten ein korrespondierender empirischer Sachverhalt gefunden werden. Dazu gäbe es prinzipiell drei Möglichkeiten:

Zum ersten könnte die Gemeinschaft beschließen, daß gültig sein soll: a⊦x und zugleich: (-a)⊦x, daß also beide (widersprüchliche) Sätze auf den selben empirischen Satz appliziert würden. Das würde bedeuten, daß ein empirischer Sachverhalt mit widersprüchlichen theologischen Sachverhalten 'bedeutungskongruent' oder gar 'bedeutungsäquivalent' sein würde. Ein solches Vorgehen würde eine theologische Theorie aber ihrer Ernsthaftigkeit berauben und vielmehr die Ansicht fördern, daß sie in keine ernstzunehmende Beziehung mit den Sachverhalten dieser Welt zu setzen ist. Also ist eine solche Vorgehensweise - weil für die Zwecksetzung der Praktischen Theologie hinderlich - nicht akzeptabel.

Zum zweiten könnte die Gemeinschaft beschließen, daß die beiden - zugleich wahren - theologischen Sätze a und -a in der Weise auf empirische Sätze appliziert werden, daß gilt: a⊦x und (-a)⊦(-x). Nun ist es aber so, daß in empirischen Theorien die unter AP(1) beschriebene Regel (1) unbedingt gilt, daß also, wenn f(x) = W, notwendig folgt: f(-x) = F. Für die zu applizierenden Sätze der theologischen Theorie würde dies bedeuten, daß einer von ihnen auf einen falschen empirischen Satz appliziert wird. Aber das wäre für die Zwecke der Praktischen Theologie ebenfalls unakzeptabel: denn falsche Sätze sind ungeeignet, um (langfristig) die Handlungen der Glaubensgemeinschaft zu beschreiben und anzuleiten. Würde man falsche Sätze in gleicher Weise wie wahre Sätze akzeptieren, um über die Ausführung einzelner Handlungen, ihre gegenseitige Ko-ordinierung, die Erreichung der mit ihnen intendierten Ziele, die mit ihnen verbunden Folgen, usw. Aussagen zu machen, so würde die kirchliche Praxis vermutlicherweise ins Chaos versinken: Sie würde nach falschen Mittel-Zweck-Relationen ausgeführt, und sie würde von falschen Voraussetzungen (z.B. Zustandsbeschreibungen) ausgehen; keine Praxis kann unter diesen Bedingungen sinnvoll funktionieren.

Somit muß auch die Vorgangsweise, zwei (zugleich wahre) theologische Sätze a und -a auf einander widersprechende empirische Sätze x und -x zu applizieren, als völlig unannehmbar - weil dem Zweck der Praktischen Theologie zuwiderlaufend - betrachtet werden. Hinzu kommt, daß das Auftreten von Widersprüchen innerhalb einer Theorie als ein erstrangiges Indiz für die Fehlerhaftigkeit dieser Theorie gilt; eine solche Theorie würde (auf Dauer) als wissenschaftliche Theorie gewiß nicht akzeptiert.

Zum dritten könnte die Gemeinschaft in ihrem Anliegen, zwei einander widersprechende, doch zugleich wahre Sätze a und -a auf empirische Sätze zu applizieren, beschließen, die Applikation von a und -a so vorzunehmen, daß gilt: a∩x und (-a)∩y, daß also a und -a auf zwei verschiedene, jedoch nicht widersprechende Sätze appliziert würden. Aber auch diese Vorgangsweise zeitigt ihre Probleme, denn nun stellt sich die Frage, was denn unter "Äquivalenz" bzw. "Kongruenz zweier Sachverhalte" zu verstehen ist, wenn es möglich ist, daß sich zwei Sachverhalte als theologische widersprechen, jedoch ihre jeweiligen kongruenten empirischen Sachverhalte miteinander verträglich sind. Der Begriff "Kongruenz" bzw. "Äquivalenz" müßte in einem solchen Fall sehr weit gefaßt sein, sodaß seine sinnhafte Anwendung damit in Frage gestellt ist. Das Applikationsverfahren würde nämlich - bei einer überaus weiten Auffassung von 'Kongruenz' bzw. 'Äquivalenz' - umso leichter nach Maßgabe willkürlicher Ansichten stattfinden; und durch ungerechtfertigte Behauptungen der Korrespondenz von Sachverhalten wäre die Akzeptanz der Praktischen Theologie als einer sachlich verfahrenden Disziplin gefährdet.

Diese Überlegungen zeigen, daß die Nichtanerkennung von AP(1) für theologische Sätze Folgen hätte, die dem oben genannten Zweck der praktisch-theologischen Disziplinen zuwiderlaufen bzw. seine Verwirklichung verhindern würden. Also kann die Forderung der Anerkennung von AP(1) auch so formuliert werden:

Als theologische Theorien, die innerhalb der Praktischen Theologie zugelassen sind, kommen nur solche in Frage, die ihre theologischen Sätze gemäß den gleichen aussagenlogischen Regeln verknüpfen wie die Theorien der empirischen Disziplinen, mit denen sie in Beziehung treten. Sämtliche theologische Theorien, die diese Vorgangsweise nicht befolgen, sind für die Praktische Theologie - im Hinblick auf die Erfüllung ihrer Aufgabe - nicht geeignet.

Zweites Applikationsprinzip (Prinzip der logischen Isomorphie):

AP(2):   Die Applikation theologischer Sätze auf empirische Sätze erfolgt derart, daß die (applizierten) empirischen Sätze untereinander in denselben aussagenlogischen Beziehungen stehen wie die (ihnen zugeordneten) theologischen Sätze.

Über AP(1) hinaus, das die Anerkennung der selben logischen Regeln für theologische und empirische Sätze fordert, verlangt AP(2) die Isomorphie der aussagenlogischen Strukturen ihrer Verknüpfungen: Diejenigen logischen Beziehungen, die zwischen bestimmten theologischen Sätzen bestehen, müssen in den logischen Beziehungen der empirischen Sätze, auf welche sie appliziert sind, widergespiegelt werden. Dies bedeutet im einzelnen:

Wenn A und B Schemata für aussagenlogische Formen theologischer Sätze und X und Y Schemata für aussagenlogische Formen empirischer Sätze sind, dann a-gilt:

(1)   soferne A𝔞X, und es l-gilt: -A, dann l-gilt auch: -X ;

(2)   soferne A𝔞X, und B𝔞Y und es l-gilt: A . B, dann l-gilt auch: X . Y;

(3)   soferne A𝔞X und B𝔞Y und es l-gilt: A v B, dann l-gilt auch: X v Y;

(4)   soferne A𝔞X und B𝔞Y und es l-gilt: A -> B, dann l-gilt auch: X -> Y;

(5)   die Regeln (1) bis (4) a-gelten in gleicher Weise für die Applikation in entgegengesetzter Richtung, also für X𝔞A und Y𝔞B bei den jeweiligen aussagenlogischen Beziehungen von A und B sowie X und Y.

AP(2) legt fest, daß die Verknüpfung von applizierten theologischen und empirischen Sätzen in logischer Hinsicht isomorph erfolgen muß: die logischen Beziehungen, die zwischen bestimmten theologischen Sätzen bestehen, die auf empirische Sätze appliziert werden, müssen jenen Beziehungen, die zwischen den applizierten empirischen Sätzen bestehen, gleich sein. Mit anderen Worten: Wenn zwischen den theologischen Sätzen a und b die logische Beziehung der Konjunktion (a . b) besteht und wenn die Glaubensgemeinschaft die Applikation von a und b in der Weise aᴿx und bᴿy beschließt, dann muß die aussagenlogische Verknüpfung der jeweils applizierten empirischen Sätze x und y die gleiche sein wie die der theologischen a und b, also eine Konjunktion. Es muß also a-gelten: x . y ! Dies ist für alle aussagenlogischen Junktoren in entsprechender Weise a-gültig.

Die Akzeptanz dieses Prinzips ist eine wichtige Voraussetzung für die In-Bezug-Setzung theologischer und empirischer Theorien. Dies läßt sich anhand folgender Überlegung verdeutlichen, in der - unter der Annahme, daß AP(2) nicht akzeptiert würde - das hierdurch erstehende Problem zutage tritt:

Es seien a, b, c die Sätze einer theologischen Theorie, x, y, z die Sätze einer empirischen Theorie. Die theologischen Sätze werden auf die empirischen appliziert, und zwar so, daß gilt: aᴿx, bᴿy, cᴿz. Nun bestünden zwischen den Sätzen der theologischen Theorie folgende logische Beziehungen:

$$a -> (b . c) \, ,$$

während zwischen den (applizierten) Sätzen der empirischen Theorie die logischen Beziehungen andersartig beschaffen wären, nämlich:

$$x -> (y . -z) \, .$$

Die Frage ist nun: kann eine solche Situation - daß Sätze, die hinsichtlich ihrer Bedeutung als einzelne für kongruent oder gar äquivalent erklärt wurden, jedoch in ihren logischen Beziehungen keine Ähnlichkeit haben - akzeptiert werden, ohne daß damit der Zweck der Praktischen Theologie beeinträchtigt wird? Man muß sich vor Augen halten, daß - wie am obigen Beispiel demonstriert - die Möglichkeit bestünde, daß ein Satz c zur Folgerungsmenge eines wahren Satzes a der theologischen Theorie gehörte, während der ihm bedeutungsmäßig äquivalent zugeordnete empirische Satz z als negierter (also als -z) zur Folgerungsmenge eines wahren Satzes x seiner Theorie gehörte.

Ein solcher Zustand kann offensichtlich nicht akzeptiert werden. Zwei Einwände können dagegen vorgebracht werden: Zum ersten ergibt sich bei Nichtakzeptanz von AP(2) die Möglichkeit, daß die Applikation des theologischen Satzes b - wie im obigen Beispiel - sowohl auf den empirischen Satz z (in der Applikation) als auch auf -z (in der Konsequenz der Applikation des theologischen Satzes a auf den empirischen Satz x) erfolgen kann. Der theologische Satz würde somit zugleich auf die empirischen Sätze q und -q appliziert. Dies ist jedoch im Sinne der praktisch-theologischen Aufgabenstellung unakzeptabel, denn es würde bedeuten, daß ein theologischer Satz mit widersprüchlichen empirischen Sätzen zugleich als bedeutungs-äquivalent oder -kongruent behauptet werden könnte. Daß dies unannehmbare Folgen hätte, wurde bereits bei der Erörterung von AP(1) dargelegt.

Der zweite Einwand betrifft den Begriff "Bedeutungskongruenz" bzw. "-äquivalenz": Dieser Begriff (bzw. die damit bezeichnete Sache) erhielte einen ausgesprochen vagen Sinn, wenn die empi-rischen Sätze in einer anderen logischen Beziehung zueinander stünden als die ihnen 'bedeutungskongruent' bzw. '-äquivalent' zugeordneten theologischen Sätze. Denn die Behauptung einer Bedeutungskorrespondenz zwischen einem theologischen Satz a und einem empirischen Satz x (um beim obigen Beispiel zu bleiben) impliziert, daß beide Sätze die selbe logische Wertigkeit (wahr oder falsch) haben. Wenn nun der wahre theologische Satz b aus dem wahren theologischen Satz a folgt, und wenn die beiden Sätze a und b mit den empirischen Sätzen x und y für bedeutungskongruent erklärt werden, dann erfordert ebendies, daß auch die beiden empirischen Sätze wahr sind und in der Beziehung der logischen Folge stehen. Andernfalls wäre es nicht sinnvoll, von einer Entsprechung der theologischen mit den empirischen Sachverhalten zu reden. Wenn Sätze zwar für bedeutungskongruent erklärt werden, in den logischen Beziehungen, die sie untereinander eingehen, aber nicht übereinstimmen, so verliert die Bedeutungskongruenz an inhaltlicher Bestimmung; sie kann dann umso eher nach willkürlicher Maßgabe behauptet werden. Demnach erfordert die Sache der Bedeutungskorrespondenz, daß die applizierten empirischen Sätze die selben logischen Wertigkeiten haben sowie in denselben logischen Beziehungen stehen wie die ihnen vorgeordneten theologischen Sätze, bzw. umgekehrt.

Im übrigen wird auch durch die bisherige kirchliche Praxis bestätigt, daß die logische Wertigkeit zweier applikativ zugeordneter Sätze nicht ungleich sein darf: In der Geschichte der Theologie war es beispielsweise nicht üblich[69], einen wahren theologischen Satz auf einen falschen empirischen Satz (dauerhaft)[70] zu applizieren bzw.

---

[69] Zumindest innerhalb der "offiziellen" Theologie; vereinzelt hat es allerdings theologische Positionen gegeben, die die Wahrheit theologischer Sätze und die Wahrheit empirischer Sätze für gegenseitig nicht relevant erklärten (z.B. eine bestimmte Form der Lehre von der "doppelten Wahrheit", wonach ein und derselbe Satz als Satz des Glaubens zwar wahr, aber als Satz der Wissenschaft falsch sein könne). Diese Positionen wurden allerdings von der Amtskirche zurückgewiesen; vgl. dazu beispielsweise Lumen Gentium, 36, in: Rahner/Vorgrimmler (1989), 482: Dort wird bedauert, daß "in der Mentalität vieler die Überzeugung von einem Widerspruch zwischen Glauben und Wissenschaft" bestehe, wohingegen unter Bezug auf die Dogmatische Konstitution über den katholischen Glauben (Dei Filius) des Vaticanum I betont wird, daß "sie [= die Wissenschaft] niemals in einen echten Konflikt mit dem Glauben kommen (wird), weil die Wirklichkeiten des profanen Bereichs und die des Glaubens in demselben Gott ihren Ursprung haben."

[70] Vorübergehend allerdings schon; vgl. dazu die oben (3.2.) erörterten Kontroversen zwischen Theologie und Naturwissenschaft. Die Applikation des theologischen Satzes erfolgte in diesen Fällen jedoch auf-

einen falschen theologischen auf einen wahren empirischen. Vielmehr war und ist es der Fall, daß wahre[71] theologische Sätze auf wahre empirische Sätze appliziert wurden und werden. Dies ergibt sich aus der Intention der theologischen Sätze: sie verstehen sich als Aussagen über faktisch bestehende Sachverhalte; daher wäre es strikt gegen diese Intention, sie - soferne sie das Bestehen eines Sachverhalts behaupten - auf einen falschen empirischen Satz zu applizieren.

Die Annahme von AP(2) legt sich also aus zwei Gründen heraus nahe: zum einen ist die Beachtung dieses Prinzips Voraussetzung dafür, daß Applikationen nicht zu widersprüchlichen Ergebnissen führen - daß nicht einander widersprechende Sätze als bedeutungskorrespondierend mit einander nicht-widersprechenden theologischen Sätzen behauptet werden. Zum zweiten schließt der sinnvolle Gebrauch des Konzepts einer 'Bedeutungskorrespondenz' ein, daß die logischen Wertigkeiten und die logischen Beziehungen von Sätzen bei der Applikation gleich bleiben, d.h. isomorph abgebildet werden.

Darüber hinaus bringt die Annahme von AP(2) einen großen Nutzen für die Sache einer 'wissenschaftlichen' Pastoraltheologie. Dieser Nutzen betrifft die Möglichkeit der Kritisierbarkeit von Applikationen, also der Überprüfung, ob sie korrekt oder unkorrekt sind. Wenn nämlich AP(2) akzeptiert wird, so gilt zugleich die Forderung, daß die einander applizierten Sätze in isomorphen logischen Beziehungen stehen müssen. Zeigt sich nun im Zuge der Vornahme mehrerer Applikationen, daß dies nicht der Fall ist - daß also zwischen den theologischen Sätzen andere logische Beziehungen bestehen als zwischen den applizierten empirischen Sätzen, so ist dies ein Indiz für eine fehlerhafte Applikation. Wie sich dies im genaueren verhält, soll bei der Formulierung des dritten Prinzips der Applikation beschrieben werden.

---

grund eines Irrtums über die Wahrheit des entsprechenden empirischen Satzes. Nachdem er als falsch nachgewiesen war, wurde die Applikation stets zurückgenommen.
[71] In der Weise: f(a) = W bzw. f(-a) = W.

Drittes Applikationsprinzip (Prinzip der Kritisierbarkeit):

AP(3):   Ergibt sich innerhalb der applizierten theologischen Sätze oder innerhalb der applizierten empirischen Sätze ein Widerspruch, so ist die Applikation falsch.

AP(3) bezieht sich auf die logischen Beziehungen, die zwischen Sätzen bestehen, die appliziert wurden; also entweder die Beziehungen, die zwischen empirischen Sätze bestehen, oder auf diejenigen Beziehungen, die zwischen theologischen Sätzen bestehen. Es wird gefordert, daß zwischen diesen Sätzen kein logischer Widerspruch auftreten darf. Tritt ein solcher auf, so ist die Applikation als falsch anzusehen. AP(3) lautet in anderen Worten also:

Wenn A und B Schemata sind für aussagenlogische Formen theologischer Sätze und X und Y Schemata sind für aussagenlogische Formen empirischer Sätze, dann a-gilt:

(1a)   soferne AȒX   und es l-gilt (-X), dann   AȒX;

(1b)   soferne AȒX   und   BȒY   und es l-gilt (X -> -Y)
       oder (Y -> -X), dann   AȒX oder BȒY ;

(2a)   soferne XȒA   und es l-gilt (-A), dann   XȒA;

(2b)   soferne XȒA und   YȒB   und es l-gilt (A -> -B)
       oder (B -> -A), dann   XȒA oder YȒB .

AP(3) ermöglicht also eine bestimmte Art der Kritik an Applikationen, nämlich den Aufweis, daß eine Applikation wegen inkonsistenter Ergebnisse falsch ist. Bevor die Eigenart dieser Kritik genauer erörtert wird, soll kurz dargelegt werden, welche Formen der Kritik an Applikationen prinzipiell möglich sind. Einige von ihnen wurden in den obigen Ausführungen schon - zumindest andeutungsweise - vorgestellt.

Eine erste Art der Kritik ist diejenige, wenn von der Glaubensgemeinschaft selbst eine Applikation als nicht (mehr) gültig behauptet wird. Es ist ja denkbar, daß eine Glaubensgemeinschaft aufgrund irgendwelcher veränderter Umstände zu der Einsicht gelangt, daß eine bisher gültige Applikation nicht mehr aufrecht erhalten werden kann. Sie kann dann nach eigenem Beschluß diese Applikation widerrufen. Beispiele für diese Art der 'Außer-Kraft-Setzung' von Applikationen gibt es viele: etwa wurden bestimmte gewaltsame Vorgangsweisen bei der Missionierung von Völkern, nachdem sie lange Zeit als berechtigt betrachtet wurden, zu einer späteren Zeit aufgegeben, als die Glaubensgemeinschaft zur Überzeugung gekommen war, daß diese Vorgangsweise nicht den Intentionen ihrer Praxis angemessen war.

Eine zweite Art der Kritik ist die, daß durch empirische Überprüfung gefunden wird, daß ein empirischer Satz x, der mit einem wahren theologischen Satz a für bedeutungskorrespondierend erklärt wurde, falsch ist. Daß die Applikation eines wahren theologischen Satzes auf einen falschen empirischen Satz zu einer für die Praktische Theologie unakzeptablen Situation führt, wurde bereits oben, im Zusammenhang mit der Gültigkeit von AP(1), erörtert. Folgerichtig muß eine solche Applikation - sofern die Falschheit des empirischen Satzes nachgewiesen ist - aufgegeben werden. Diese Art der Kritik ereignete sich hauptsächlich in den oben (3.2.) erwähnten Kontroversen zwischen Theologie und Naturwissenschaft. Die logische Struktur dieser Art der Kritik sieht folgendermaßen aus (Zeichenbedeutungen wie bei AP(3)):

sofern A ĦX und es l-gilt -X, dann AℲX .

Die dritte Art der Kritik ist die Feststellung, daß zwischen den applizierten Sätzen Widersprüche bestehen. Dies ist die Art der Kritik, wie sie durch AP(3) beschrieben bzw. ermöglicht wird; sie ist nur durchführbar, wenn AP(2) für die Theorie der Applikation akzeptiert wird. Wenn zwei theologische Sätze, die einander nicht widersprechen, auf zwei empirische Sätze appliziert werden, zwischen denen ein Widerspruch besteht (oder herleitbar ist), dann ist eine der beiden Applikationen falsch.

Es läßt sich erkennen, daß die zweite und die dritte Art der Kritik nicht auf gleicher Ebene stehen: im ersteren Fall wird die Kritik auf empirischer Überprüfung begründet, im zweiteren Fall auf logischer Analyse. Für den zweiteren Fall ist es also gar nicht mehr notwendig, empirische Untersuchungen zu den applizierten Sätzen durchzuführen; die Unzulänglichkeit der Applikation kann rein 'theorieimmanent', gewissermaßen 'a priori', nachgewiesen werden.

Im Hinblick auf diesen Unterschied in der Art der Kritik soll folgende terminologische Regelung getroffen werden: Jene Kritik, die - wie eben beschrieben - rein durch logische Analyse der Sätze (und ihrer Beziehungen) zustande kommt, soll als 'A priori-Kritik' bezeichnet werden; die andere Art der Kritik, die sich aus der empirischen Überprüfung der applizierten Sätze ergibt, soll 'A posteriori-Kritik' genannt werden. In Entsprechung zu dieser Unterscheidung der Art der Kritik soll eine weitere terminologische Regelung getroffen werden, die die Art des Nachweises betrifft, durch den eine Applikation als falsch aufgezeigt wird: in der Folge einer A priori-Kritik soll von einer 'inkorrekten' Applikation gesprochen werden, in der Folge einer A posteriori-Kritik von einer 'inadäquaten' Applikation.

Diese Unterscheidung ist sinnvoll, denn die unterschiedliche Art der Kritik bringt den Aufweis einer falschen Applikation auf eben unterschiedliche Weise zustande: liegt eine inkorrekte Applikation vor, so ist die Applikation aufgrund von Widersprüchen zwischen den applizierten Sätzen ungültig; liegt eine inadäquate Applikation vor, so ist sie mit empirischen Gegebenheiten unverträglich. Es versteht sich, daß eine Applikation sowohl korrekt als auch adäquat sein muß, um als bewährt (bzw. bewährbar) zu gelten. Da allerdings der Nachweis der Korrektheit und der der Adäquatheit auf einer unterschiedlichen methodologischen Ebene liegen, müssen sie getrennt erbracht werden: keinesfalls genügt es, die Applikation deshalb, weil sie korrekt ist, schon als bewährt zu betrachten. Denn Korrektheit ist lediglich ein notwendiges, kein hinreichendes Kriterium ihrer Bewährtheit: es ist nämlich einsichtig, daß eine Applikation zwar (in logischer Hinsicht) korrekt sein kann, aber (in empirischer Hinsicht) falsch, also inadäquat. Nur wenn beides gegeben ist: Korrektheit (Widerspruchsfreiheit in der Folge der Iso-morphie der logischen Strukturen von theologischen und empirischen Sätzen) und Adäquatheit (durch nachgewiesene Übereinstimmung mit der Wirklichkeit) kann eine Applikation als gültig und bewährt betrachtet werden. Andernfalls ist die Applikation falsch - wobei dies als Überbegriff für die beiden jeweils spezifischeren Bezeichnungen "inkorrekt" und "inadäquat" verwendet steht.

Wichtig hervorzuheben ist, daß diejenige Kritik, die durch den Nachweis erbracht wird, daß ein applizierter empirischer Satz falsch ist, nicht dazu führt, daß nun auch der zugeordnete theologische Satz falsch ist. Es a-gilt keinesfalls (Zeichenbedeutungen wie bei AP(3)):

sofern A A X, und: -X, dann l-gilt: -A.

Dies ergibt sich aus der Tatsache, daß der Applikationsindikator A keine logische, sondern eine semantische Beziehung ausdrückt[72].

---

[72] In dieser Hinsicht darf Satz (1) von AP(2) nicht mißverstanden werden:
"Sofern A A X, und es l-gilt: -A, dann l-gilt auch -X" bezieht sich nur auf jene Operation, wie sie hier beschrieben ist, keinesfalls auf eine inverse: Aus dem Vorliegen von -X in dem Fall, daß erklärt wurde: A A X, darf nicht zu -A übergegangen werden.

Wie ja ausführlich dargelegt, sind theologische Sätze und empirische Sätze nur in analoger Weise wahr - dies hat zur Folge, daß die Wahrheit eines theologischen Satzes in keiner direkten logischen Beziehung zur Wahrheit eines empirischen Satzes steht und umgekehrt. Ein empirischer Satz ist deshalb nicht in der Lage, einen theologischen Satz als zu widerlegen (und natürlich vice versa). Dies wird auch durch die historischen Ereignisse belegt, die oben (3.2.) als Kontroversen zwischen Theologie und Naturwissenschaft erwähnt wurden: Die nachgewiesene Wahrheit des empirischen Satzes, der als widersprüchlich zu einem theologischen Satz befunden wurde, hat nicht die Falschheit dieses (theologischen) Satzes zur Folge, sondern die Zurücknahme seiner bisherigen Applikation und die Festlegung auf eine neue Applikation. Was in einem solchen Fall also widerlegt wird, ist die Gültigkeit der Applikation: die durch die Applikation behauptete Bedeutungsäquivalenz bzw. -kongruenz wird als falsch aufgewiesen.

Das gleiche gilt für jene Kritik, die durch den Aufweis von Widersprüchen in den applizierten Sätzen zustande kommt: dieser Widerspruch entsteht nicht (wie etwa beim indirekten Beweis) durch widersprüchliche Prämissen, sondern durch einen Irrtum bei der Behauptung der Bedeutungskorrespondenz. Folglich bedeutet dieser Widerspruch nicht, daß einer der theologischen Sätze falsch wäre.

Wird nun eine Applikation als falsch aufgewiesen, so muß sie aufgegeben werden. Das heißt, der dem theologischen Satz a zugeordnete empirische Satz x darf nicht länger für bedeutungsäquivalent bzw. -kongruent mit diesem erklärt werden und muß aus der empirischen Theorie (d.h. aus jener Theorie, die die applizierten empirischen Sätze umfaßt) ausgeschieden werden.

Es scheint, daß auf diese Weise ein Fortschritt in den Disziplinen der Praktischen Theologie am ehesten möglich ist: indem konsequent Sätze ausgeschieden werden, die sich für das Handeln der Mitglieder

der Glaubensgemeinschaft als unbrauchbar herausstellen. Denn Fortschritt in einer praktischen Wissenschaft sollte sich unter anderem darin zeigen, daß von immer mehr Sätzen immer besser bekannt ist, ob und unter welchen Umständen sie geeignet sind, das Handeln von Menschen im Sinne intendierter Ziele anzuleiten. Und offensichtlich ist es besser, von einem gegebenen Satz zu wissen, daß er (als handlungsleitender) unbrauchbar ist, als dies nur zu vermuten oder gar das Gegenteil zu erhoffen. In dieser Hinsicht ist es für die Praktische Theologie notwendig, diejenigen Sätze, die sie als handlungsanleitende ausgibt, ständig zu überprüfen, ob sie brauchbar sind oder nicht. Schließlich dürfte sich die Relevanz dieser Disziplinen und ihr Nutzen für die kirchliche Gemeinschaft daran bemessen, wie weit sie dieser ihrer Aufgabe entprechen können: bewährbare Sätze zu finden, die das Handeln der Mitglieder zuverlässig anleiten.

Viertes Applikationsprinzip (Prinzip der relativen Gültigkeit):

Bevor das vierte Applikationsprinzip formuliert wird, ist es erforderlich, zu seinem besseren Verständnis einiges vorweg zu erörtern. Die in AP(3) formulierte Forderung, daß applizierte Sätze nicht einander widersprechen dürfen, sieht sich nämlich folgendem Problem gegenüber: einerseits ist die Anerkennung dieser Forderung eine wichtige Voraussetzung, um durch begründete Kritik falsche Applikationen aufzudecken; andererseits scheint sie in der Praxis unrealisierbar zu sein. Das ergibt sich aus der oben beschriebenen Tatsache, daß Applikationen lediglich eine relative Gültigkeit besitzen: sie sind gültig nur innerhalb einer Gemeinschaft, durch die sie beschlossen werden, sowie nur innerhalb des Zeitrahmens, solange die Gemeinschaft diesen Beschluß aufrecht erhält. Ihre Gültigkeit steht also in Relation zu den jeweiligen Umständen, unter denen sie beschlossen werden.

Unter dieser Hinsicht kann nun beispielsweise der Fall eintreten, daß eine Glaubensgemeinschaft den theologischen Satz a auf den empirischen Satz x appliziert, während zugleich eine andere Glaubensgemeinschaft a auf -p appliziert. Weiters könnte der Fall eintreten, daß die selbe Glaubensgemeinschaft zum Zeitpunkt t(1) den theologischen Satz a auf den empirischen Satz x appliziert, jedoch dies zum Zeitpunkt t(2) widerruft und nunmehr a auf y (oder sogar auf -x) appliziert.

In diesen Fällen kann - im Hinblick auf die in Glaubensgemeinschaften übliche Praxis - nicht von einer illegitimen Vorgangsweise gesprochen werden. Im Gegenteil, es scheint durchaus gewöhnlich zu sein, daß ein und derselbe theologische Satz auf verschiedene empirische Sätze appliziert wird - wenn nämlich bei der Applikation die jeweiligen (sozialen, politischen, kulturellen, wirtschaftlichen,...) Umstände, in denen sich die Gemeinschaften befinden, sehr verschieden sind.

Wie oben ausgeführt, besteht ja ein wichtiger Schritt des Applikationsverfahrens darin, daß sich die Gemeinschaft darauf einigt, was ein bestimmter theologischer Satz in dieser ihrer konkreten Situation für sie (in empirischer Hinsicht) 'bedeutet'. Die Bedeutung des theologischen Satzes wird also unter Bezug auf eine konkrete Situation festgelegt. So gesehen ist es naheliegend, daß bei der Vielzahl von verschiedenartigen Situationen, in denen sich Glaubensgemeinschaften befinden, verschiedenartige (und mitunter widersprüchliche) Applikationen behauptet werden.

Als Beispiel für eine Applikation, die sogar zu widersprüchlichen Ergebnissen führt, läßt sich der Themenbereich 'Gewaltverzicht' nennen. Hierbei maßgeblichen theologischen Aussagen finden sich insbesonders in Mt. 5 (5,9,38ff.,43ff.). Diese Aussagen wurden von den Glaubensgemeinschaften verschieden appliziert: während manche zur Ansicht gelangten, sie erforderten völligen Gewaltverzicht (keinerlei Aggression, keinerlei Gegenwehr, kein Wehrdienst, ...), haben andere die Anwendung gewisser Form der Gewalt ('gerechter Krieg', Wehrdienst, Bestrafung von Verbrechern,...) als dem Sinn dieser (theologischen) Sätze angemessen akzeptiert. In dieser Hinsicht wurde nun sowohl behauptet: "Der Christ darf Wehrdienst leisten" als auch: "Der Christ darf nicht Wehrdienst leisten". Das bedeutet, daß ein und derselbe theologische Satz a (z.B. "Jeder Christ soll ein Friedensstifter sein") auf zwei widersprechende Sätze appliziert wurde: als $a \Vdash x$ und als $a \Vdash (-x)$. Ähnliche Beispiele für verschiedenartige Applikationen theologischer Sätze finden sich etwa im Themenbereich 'Armut'[73] oder 'Sexualität' u.v.a.

Die Frage ist nun: wie sind solche - offensichtlich widersprüchliche - Applikationen zu werten? Da konzediert wird, daß Applikationen nur unter Bezug auf eine Gemeinschaft und ihre konkrete raum-zeitliche Situation gültig sind, wird man nicht sogleich von einem echten

---

70 Vgl. den "Armutsstreit" im 13./14. Jhdt.

Widerspruch sprechen können, soferne sich findet, daß a̅ꞟx in der Gemeinschaft G, die unter den Umständen U_1, U_2, .., U_n lebt, gilt, während a̅ꞟ(-x) in der Gemeinschaft H, die unter den Umständen V_1, V_2, ..., V_n lebt, gilt. Unter den gegebenen Unterschieden in der raum-zeitlichen Situation von Gemeinschaften (wie dies beispielsweise gegenwärtig bezüglich Lateinamerika und Europa der Fall ist) scheinen verschiedenartige Applikationen durchwegs legitim sein.

Von einem echten Widerspruch - und damit einer nachgewiesen falschen Applikation - kann man demzufolge nur sprechen, wenn in ein und derselben Glaubensgemeinschaft und innerhalb desselben Zeitrahmens unverträgliche Applikationen vorgenommen werden. Das bedeutet, daß das gleichzeitige Auftreten von Sätzen der Gestalt x und -x nur dann gemäß AP(3) gewertet werden darf, wenn diese Sätze innerhalb der selben (theologischen oder empirischen) Theorie auftreten. Dies ist vergleichbar mit der Tatsache, daß auch juristische oder ethische Sätze, die einander zwar zu widersprechen scheinen, dennoch insofern verträglich sind, als sie unterschiedlichen juristischen oder ethischen Theorien angehören[74]. Der Widerspruch besteht in diesem Fall nicht zwischen diesen Sätzen, sondern zwischen den Voraussetzungen, unter denen sie als wahr anerkannt werden (z.B. darin, daß Gemeinschaft G eine Instanz I, die einen Satz a als wahr behauptet, anerkennt, während Gemeinschaft H diese Instanz nicht anerkennt). Ein Widerspruch kann nämlich nur theorieintern zu Tage treten; sofern nun diese Theorien in keiner Beziehung zueinander stehen, ist kein (direkter) Widerspruch möglich.

Dieses - in der üblichen Praxis der Glaubensgemeinschaften begründete Faktum - muß in einer Theorie der Applikation berücksichtigt werden. Denn es wäre gegen den Zweck der Praktischen

---

[74] z.B. ist der Satz "Ein Mann darf nur eine Frau zur Gattin haben" in der Rechtslehre des Christentums wahr, in der des Islams falsch. Dieser Widerspruch ist ein scheinbarer, insofern er nicht geeignet ist, über die Theorien hinweg den jeweils anderen Satz zu falsifizieren. Das heißt: nur innerhalb der jeweiligen Theorie schließt x den Satz -x (bzw. umgekehrt) aus.

Theologie, sie auf eine Vorgangsweise zu verpflichten, die zur bereits bestehenden Praxis in einem unannehmbaren Gegensatz stünde. Auch normative Theorien haben sich in gewisser Hinsicht an den Fakten zu orientieren, soferne sie nicht unrealistische Forderungen erheben wollen. Aus diesem Grund muß AP(3) durch folgende Festlegung in seiner Gültigkeit eingeschränkt bzw. muß hinsichtlich der Art seiner Handhabung präzisiert werden:

> AP(4): Je nach raum-zeitlicher Situierung des Applikationsverfahrens sind unterschiedliche Applikationsergebnisse möglich; jedoch ist ausgeschlossen, daß innerhalb des selben Applikationsverfahrens widersprüchliche Ergebnisse erzielt werden.

Gemäß AP(4) ist also vorgesehen:
Soferne A und B Schemata für aussagenlogische Formen theologischer Sätze sind und X und Y Schemata für aussagenlogische Formen empirischer Sätze sind, und soferne "$ß_{(1)}$" die Applikation durch die Gemeinschaft (1) bezeichnet und "$ß_{(2)}$" die Applikation durch die Gemeinschaft (2) bezeichnet, dann a-gilt:

(1)   Es ist möglich (legitim), daß korrekt ist:
       $A ß_{(1)} X$. $A ß_{(2)} (-X)$ bzw. $A ß_{(2)} Y$;   sowie

(2)   Es ist möglich (legitim), daß korrekt ist:
       $X ß_{(1)} A$. $X ß_{(2)} (-A)$ bzw. $X ß_{(2)} B$.

Es hat allerdings den Anschein, daß AP(4) eine sehr starke Liberalisierung von AP(3) bedeutet, sodaß die mit der Formulierung von AP(3) geforderte Strenge bei der Applikation auf diese Weise wieder aufgehoben wird. Denn: lassen sich nicht nach Belieben verschiedene raum-zeitliche Umstände aufzählen, um unterschiedliche oder gar widersprüchliche Applikationen zu rechtfertigen? Ist es aufgrund von AP(4) nicht möglich, daß nunmehr jede Glaubensge-

meinschaft (und hier wiederum: jede Untergruppe in einer Glaubensgemeinschaft) ihre eigene Applikation der theologischen Sätze
vornimmt - mit dem Verweis, daß ihre jeweilige raum-zeitliche
Situation eben dies erfordert bzw. legitimiert?

In gewisser Weise ist dieser Anschein nicht zu bestreiten; dies auch
auf dem Hintergund, daß es sich historisch sehr häufig so verhalten
hat. Allerdings ist folgendes in Betracht zu ziehen: Die Forderung
von AP(3) ist immer noch stark genug, um falsche Applikationen
aufzudecken. Denn jede Glaubensgemeinschaft ist gebunden, ihre
Applikation sowohl korrekt als auch adäquat durchzuführen; d.h. sie
muß auch die entsprechende Überprüfung durchführen, ob dies der
Fall ist. Vor allem im Hinblick auf empirisch-praktische
Bewährbarkeit der Sätze ist es kaum vorstellbar, daß - ohne wirklich
signifikante situative Unterschiede - die eine Glaubensgemeinschaft
den Satz x, die andere hingegen den Satz -x zu einem theologischen
Satz a appliziert. Denn: wenn Applikationen nicht nur behauptet,
sondern auch überprüft werden, erweist sich auf recht eindeutige
Weise, ob sie zu Recht oder zu Unrecht vorgenommen wurden. Die
Überprüfung muß jedenfalls gemäß den oben geforderten Kriterien
(AP(1) bis AP(3)) stattfinden (z.B. inwieweit die Konsequenzen von
x bzw. -x mit den übrigen Sätzen der Theorie und deren
Konsequenzen verträglich sind).

So gesehen kann AP(4) nicht als Freikarte für willkürliche
Applikationen herbeigezogen werden; die Verpflichtung zum
Nachweis der Bewährbarkeit eines Satzes bleibt - als entscheidende
Urteilsinstanz - bestehen.

5. DIE ROLLE DER APPLIKATION IN DER PRAKTISCHEN THEOLOGIE

5.1. Die Situation der Praktischen Theologie

1. Die Untersuchung über die logischen Beziehungen zwischen theologischen und empirischen Sätzen hat folgendes Ergebnis erbracht: theologische und empirische Sätze können in keine direkten logischen Beziehungen zueinander treten. Dies ergibt sich aufgrund der Tatsache, daß sie nicht in gleicher, sondern lediglich analoger Weise als wahr (oder falsch) bezeichnet werden. Ihre Begründung erfolgt nämlich auf unterschiedliche Weise: zwar intendieren beide (theologische wie empirische) Sätze, eine Aussage über einen bestehenden Sachverhalt zu treffen, sodaß 'wahr' und 'falsch' sich nach dem Kriterium der Übereinstimmung (Korrespondenz) von behauptetem und faktischem Sachverhalt bemessen. Jedoch ist für theologische Sätze die Akzeptanz zusätzlicher Voraussetzungen nötig, um sie als wahr oder falsch bezeichnen zu können: insbesondere der Vertrauensakt, durch den einer religiösen Instanz, die einen (theologischen) Satz als wahr ausweist, vertraut wird, sowie der Glaubensakt gegenüber dem Satz selbst. Fällt eine dieser Voraussetzungen weg, so ist es unmöglich, über die Wahr- oder Falschheit eines theologischen Satzes zu entscheiden. Da nun solche Vertrauens- und Glaubensakte für die diesbezügliche Entscheidung bei empirischen Sätzen nicht erforderlich sind, wird das Prädikat "wahr" von empirischen und theologischen Sätzen nicht unter den gleichen Bedingungen ausgesagt. Es bedeutet vielmehr die Feststellung "der Satz p ist wahr", wenn sie von einem empirischen Satz getroffen wird: "es ist nachgewiesen, daß der von p behauptete Sachverhalt wirklich besteht", während sie - von einem theologischen Satz ausgesagt - bedeutet: "es ist nachgewiesen, daß p von (mindestens) einer religiösen Instanz, der seitens der Glaubensgemeinschaft G vertraut wird, als wirklich bestehend ausgewiesen wird, und daß p von der

Glaubensgemeinschaft G durch einen Glaubensakt (Glaube I, fides qua) anerkannt wird".

Wird also ein theologischer Satz als wahr bezeichnet, so bedeutet dies nicht völlig das gleiche, wie wenn ein empirischer Satz als wahr bezeichnet wird. Es scheint hier ein ähnliches Verhältnis vorzuliegen, wie es auch zwischen den Sätzen anderer Disziplinen besteht: so bedeutet "wahr", das von der ethischen Feststellung: "Lügen ist moralisch verwerflich" ausgesagt wird, nicht das gleiche wie "wahr", das vom empirischen Satz: "Jeder Mensch lügt mehrmals in seinem Leben" ausgesagt wird. Letzteres wird nachgewiesen durch empirische Untersuchung; ersteres durch den Aufweis, daß es aus rational begründeten ethischen Normen oder Werturteilen logisch korrekt ableitbar ist.

Wenn nun theologische und empirische Sätze nicht im selben Sinn wahr sind, so können sie nicht in unmittelbare logische Beziehungen treten. Das bedeutet: ein theologischer und ein empirischer Satz können einander nicht widersprechen; ebenso kann aus theologischen Prämissen keine empirische Konklusion abgeleitet werden (und umgekehrt).

2. Dieses Ergebnis scheint für die Praktische Theologie zunächst bestürzende Folgen zu haben. Sie trifft nämlich über ihren Gegenstandsbereich - die kirchliche Praxis - sowohl theologische als auch empirische Feststellungen. Wenn nun zwischen theologischen und empirischen Sätzen aber keine logischen Beziehungen bestehen, dann ist die Praktische Theologie (im besonderen als 'empirische Praktische Theologie') in ihren Grundlagen in Frage gestellt. Wozu sollte innerhalb dieser Disziplin empirische Erkenntnis gesucht werden, wenn diese ohne Bezug zur theologischen Erkenntnis ist? Für die theoretische Konzeption der Praktischen Theologie scheinen sich unter diesen Umständen nur folgende Alternativen anzubieten: entweder sie verzichtet auf die Miteinbeziehung empirischer Sätze

und betreibt ausschließlich theologische Praxisreflexion (sie wäre dann eine systematische Disziplin, die alle theologischen Sätze, die die kirchliche Praxis betreffen, zum Gegenstand hat), oder sie handhabt theologische und empirische Sätze in Form zweier nebeneinander bestehender, jedoch inkompatibler Theorien: Theologie hier, Empirie dort, ohne gegenseitige Relevanz (sie wäre dann wie ein Konglomerat heterogener Sätze).

Nun sind theologische und empirische Sätze aber nicht ohne jegliche Beziehung[75], sondern lediglich ohne logische Beziehung. Indessen sind sie durchaus in Beziehung zu bringen, nämlich auf der Ebene ihrer Bedeutung[76]: Theologische Sätze drücken einen theologischen Sachverhalt aus, der auf empirische Objekte angewendet werden kann. Theologische Sachverhalte, wie beispielsweise, daß der Papst das Oberhaupt der Katholischen Kirche ist, daß die christliche Gemeinde Kirche im kleinen ist, daß jeder Christ ein Erlöster ist, usw., beziehen sich auf eine Wirklichkeit, die nicht unmittelbar empirisch ist, jedoch auf empirische Sachverhalte bezogen und an ihnen ausgedrückt werden kann. Dies geschieht derart, daß sich eine Glaubensgemeinschaft, die einen theologischen Satz a anerkennt, darauf einigt, was dieser theologische Satz in empirischer Hinsicht bedeutet: Welche konkrete empirische Situation (oder welches konkrete empirische Ereignis) entspricht jenem Sachverhalt, der als theologischer im Satz a ausgedrückt ist? Wird nun ein empirischer Satz gefunden, dann wird dieser dem theologischen Satz zugeordnet: Es wird dabei zwischen dem theologischen und dem empirischen Satz eine Beziehung der 'Bedeutungsentsprechung' bzw. 'Bedeutungs-korrespondenz' hergestellt, die aber nur auf der semantischen, nicht auf der logischen Ebene besteht.

---

[75] Das hieße nämlich, die Position einer "doppelten Wahrheit" zu vertreten, sodaß die Wahrheit eines theologischen Satzes ganz ohne Zusammenhang wäre mit der Wahrheit eines empirischen Satzes.
[76] Hier in einem weiten Sinn: sowohl hinsichtlich der Extension und Intension von Begriffen wie auch der Aussageintention von Sätzen.

3. Eine Erläuterung, wie die derartige In-Bezug-Setzung theologischer und empirischer Sätze erfolgt, wird in folgendem Beispiel gegeben: Angenommen, der theologische Satz lautet: "Die Kirche ist eine Einheit". Daß dieser Satz ein theologischer Satz ist, wird daraus ersichtlich, daß zu seiner Begründung auf eine religiöse Instanz (z.B. die Bibel) Bezug genommen werden muß.

Was bedeutet dieser Satz nun für die empirische Beschaffenheit der Kirche? Es stellt sich also die Frage: welche empirischen Ereignisse oder Zustände müßten vorhanden sein, daß dieser (theologische) Satz eine empirische Entsprechung fände? Eine Glaubensgemeinschaft, die sich als Kirche versteht, könnte sich darauf festlegen, daß das empirische Faktum, daß bei allen liturgischen Feiern dieser Glaubensgemeinschaft die gleichen Riten und die gleiche Sprache Verwendung finden, dem theologischen Sachverhalt von der Einheit der Kirche entspricht. Demnach würde der empirische Satz: "In der ganzen Kirche werden bei liturgischen Feiern die gleichen Riten und die gleiche Sprache verwendet" als dem obigen theologischen Satz (in seiner Bedeutung) entsprechend behauptet. Dieser Satz kann nun als empirischer überprüft werden - d.h. ob der behauptete Sachverhalt besteht oder nicht, kann durch empirische Methoden festgestellt werden.

Wichtig ist hierbei, daß die Beziehung zwischen dem theologischen und dem empirischen Satz keine logische ist: d.h. der empirische Satz entsteht nicht durch logische Deduktion aus dem theologischen, sondern durch willentlich begründete Zuordnung in Folge seiner bedeutungsgemäßen Entsprechung. Andernfalls müßte nämlich, soferne durch empirische Untersuchung gefunden wird, daß der empirische Satz falsch ist (daß also nicht in der ganzen Kirche die gleichen Riten verwendet werden), auch der theologische Satz falsifiziert sein. Das ist aber nicht der Fall. Aus diesem Grund werden die solcherart den theologischen Sätzen zugeordneten empirischen Sätze in der Praktischen Theologie nicht dazu verwendet, zu überprüfen, ob theologische Sätze wahr sind, sondern dazu, empirisch formulierte Handlungsanleitungen für kirchliche Praxis zu ermöglichen bzw. empirisch formulierte Beurteilungen der Beschaffenheit kirchlicher Praxis zu erlauben.

4. Wird also ein empirischer Satz als bedeutungskorrespondierend mit einem theologischen Satz betrachtet, so werden diese Sätze einander zugeordnet. Diese Zuordnungsbeziehung von theologischen und empirischen Sätzen auf der Basis der Korrespondenz ihrer Bedeutung wird "Applikation" genannt. Konkret bedeutet die Applikation eines theologischen Satzes auf einen empirischen Satz, daß der Sachverhalt, den der empirische Satz ausdrückt, denjenigem des theologischen Satzes entspricht - und zwar völlig (in diesem Fall würde man von einer 'Bedeutungsäquivalenz' sprechen) oder zumindest teilweise (dann läge eine 'Bedeutungskongruenz' vor).

5. Auf der Basis dieses Konzepts der applikativen In-Bezug-Setzung empirischer und theologischer Sätze kann Praktische Theologie als empirische Disziplin ausgeführt werden. Denn, wie gesagt: es bildet die Praktische Theologie sowohl theologische und empirische Sätze über ihren Gegenstandsbereich. Diese Sätze können aber nicht aufgrund logischer Beziehungen miteinander vermittelt werden. Daher ist die Herstellung applikativer Beziehungen erforderlich, soferne eine Vermittlung zwischen ihnen zustande kommen soll. Es werden auf diese Weise die theologischen Sätze in empirische Sätze transformiert, sodaß die empirischen Theorien, die die Praktische Theologie über ihre einzelnen Gegenstandsbereiche bildet (Homiletik, Pädagogik, Seelsorge, Liturgie,...), auch solche Sätze beinhalten, die mit theologischen Sätzen in Beziehung stehen. Wie eine solche empirische praktisch-theologische Theorie konkret aussieht, wird unten noch darzustellen sein; entscheidend ist jedenfalls, daß sie aus Sätzen besteht, die einerseits empirisch überprüfbar sind - denn dadurch ist sie eine empirische Theorie und die Praktische Theologie eine empirische Wissenschaft -, die andererseits aber auch einen

echten Bezug zu theologischen Sätzen aufweisen. Letzteres wird durch die Applikationsbeziehung der (bzw. einiger) Sätze gewährleistet: denn immerhin ist die Praktische Theologie eine 'theologische' Disziplin; und dieses Charakteristikum muß ihr auch erhalten bleiben, wenn sie empirisch ausgerichtet ist.

Aus dem bisher Gesagten ergibt sich, daß die Theoriebildung in der Praktischen Theologie auf zwei Ebenen erfolgt: auf der theologischen Ebene und auf der empirischen Ebene, wobei durch die applikative Beziehung, die zwischen einigen Sätzen der theologischen mit Sätzen der empirischen Ebene besteht, die Vermittlung zwischen den beiden Ebenen zustande kommt.

Graphisch schematisiert läßt sich dieser Sachverhalt folgenderart darstellen, wobei "a", "b", "c", "d", "e", "f" für theologische Sätze, "u", "v", "w", "x", "y", "z" für empirische Sätze stehen und der vertikale Strich die zwischen zwei Sätzen bestehende Applikationsbeziehung anzeigt[77]:

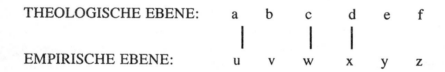

In diesem Schema sind u, w und x diejenigen Sätze in einer empirischen Theorie, die aufgrund der Applikation mit den theologischen Sätzen a, c und d in Beziehung stehen. Aus welchen Sätzen eine empirische Theorie in der Praktischen Theologie

---

[77] Die logischen Beziehungen, die zwischen den Sätzen der theologischen Ebene einerseits und denen der empirischen Ebene andererseits bestehen, sind in diesem Schema nicht berücksichtigt. Gemäß AP(2) (vgl. Kap.4.3) muß gelten, daß die logischen Strukturen der aufeinander applizierten Sätze isomorph sind! Soferne also - beim obigen Schema - zwischen den theologischen Sätzen w und x folgende Beziehung bestünde: w -> x , dann müßte auch zwischen den applikativ zugeordneten empirischen Sätzen c und d gelten: c -> d.

insgesamt besteht, wird unten erörtert. Zuvor soll zur Thematik der Herstellung von Applikationsbeziehungen noch eine Anmerkung getroffen werden.

6. Es ist ja - im Sinne einer methodisch verfahrenden Wissenschaft - erforderlich, die einzelnen Operationen zu beschreiben, die bei dem Verfahren der In-Bezug-Setzung von theologischen und empirischen Sätzen vorgenommen werden. Immerhin muß von einem solchen Verfahren verlangt werden, daß es sachlich und objektiv ist und daß seine Ergebnisse prinzipiell überprüf- und kritisierbar sind. Hierzu muß allerdings eingestanden werden, daß es bisher kein ausgearbeitetes Konzept einer methodischen Verfahrensweise zur Herstellung von Applikationsbeziehungen in der Praktischen Theologie gibt. Wiewohl der Sache nach Applikationsbeziehungen innerhalb der kirchlichen Praxistheorien andauernd hergestellt und behauptet werden, findet sich zur Zeit noch keine Auflistung derjenigen Regeln bzw. Beschreibung derjenigen Operationen, die zur Feststellung einer Entsprechung von theologischen und empirischen Sachverhalten (in gültiger Weise) führen. Die in der vorliegenden Arbeit formulierten 'Prinzipien der Applikation' (Kap.4.3.) scheinen diesbezüglich einen ersten Schritt zu bedeuten. Sie regeln allerdings nur die logischen Belange der Applikation, indem sie die Isomorphie der (aussagen)logischen Strukturen von aufeinander applizierten Sätzen fordern. Damit soll in erster Linie verhindert werden, daß empirische Sätze, die jeweils wahren theologischen Sätzen applikativ zugeordnet sind, in logischen Widerspruch zueinander treten.[78] Dadurch soll die Konsistenz der empirischen Theorie gewährleistet sein, in der die applizierten Sätze vorkommen. Eine wirklich umfassende Theorie der Applikation muß aber erst ausgearbeitet werden; vor allem sind solche Studien erforderlich, die die inhaltlichen Belange der Applikationsbeziehung betreffen (z.B. die Definition oder Explikation von "Bedeutungsäquivalenz" bzw. "Bedeutungskongruenz" u.a.).

---

[78] Vorausgesetzt ist dabei natürlich, daß innerhalb der theologischen Theorie keine Widersprüche auftreten.

5.2. Theologische Theorien in der Praktischen Theologie und ihre Beziehung zur empirischen Welt

1. Innerhalb der Praktischen Theologie wird also strikt getrennt zwischen Theorien, die aus theologischen Sätzen bestehen, und Theorien, die aus empirischen Sätzen bestehen. Erstere bilden die 'theologische Ebene', zweitere die 'empirische Ebene' in der Praktischen Theologie; auf beiden Ebenen werden jeweils über die einzelnen praktisch-theologischen Gegenstandsbereiche (Einzelbereiche des kirchlichen Handelns) Feststellungen getroffen.

Was nun die theologische Ebene in der Praktischen Theologie betrifft, so werden auf dieser ausschließlich theologische Feststellungen getroffen: beispielsweise werden von bestimmten Objekten theologische Prädikate ausgesagt. In dieser Hinsicht betreibt die Praktische Theologie 'reine' Theologie - vergleichbar den systematischen theologischen Disziplinen -: hierbei werden hauptsächlich der Sinn und die Beziehungen theologischer Sätze untereinander geklärt. Gegenstand dieser Klärung sind diejenigen Sätze, die (in direkter oder indirekter Weise) auf kirchliche Praxis bezogen sind - die also (theologische) Feststellungen über eine bestimmte Praxis treffen und für deren Gestaltung relevant sind. Solcherart entstehen theologische Theorien über die einzelnen kirchlichen Handlungsfelder, indem diejenigen Sätze, die auf ein bestimmtes Handlungsfeld bezogen sind, untereinander in systematischen Zusammenhang gebracht werden. Sie ergeben dann beispielsweise eine 'Theologie der Diakonie', eine 'Theologie der Mission', eine 'Theologie der Verkündigung' etc.

2. Ein Problem besonderer Art ist hierbei die Frage, in welcher Weise sich die auf der 'theologischen Ebene' gebildeten Sätze auf die empirische Wirklichkeit beziehen. Offensichtlich haben theologische Sätze keinen unmittelbar empirischen Sinn, sondern einen theologischen: sie stellen ja einen theologischen Sachverhalt fest. Dieser theologische Sachverhalt besteht für sich, unabhängig von

empirischen Phänomenen und deren Existenz oder Beschaffenheit. Aber obwohl theologische Sachverhalte hinsichtlich ihres Bestehens nicht an empirische Phänomene gebunden sind (d.h. zu ihrer Begründung nicht auf empirische Erkenntnis Bezug genommen wird), sind sie dennoch nicht völlig von diesen abgelöst: sie können nämlich auf empirische Phänomene bezogen werden. Rein formal geschieht dies durch jene Behauptung der 'Bedeutungskorrespondenz' von Sätzen, wie sie als Applikation eines theologischen Satzes auf einen empirischen (oben) beschrieben wurde. Die 'Bedeutungskorrespondenz' solcher Sätze impliziert aber zugleich irgendwelche Entsprechungen (formaler oder inhaltlicher Art) zwischen ihnen: diese sind die Voraussetzung, um eine 'Bedeutungskorrespondenz' zu behaupten und somit theologische und empirische Sätze aufeinander zu beziehen. Die Frage ist nun: Welcherart sind diese Entsprechungen? Welche Charakteristika theologischer Sachverhalte erlauben eine Beziehung zur empirischen Welt?

Die Beschreibung dieser Charakteristika erscheint als eine notwendige Voraussetzung für eine Theorie der Applikation von theologischen und empirischen Sätzen. Denn wenn der unmittelbare Sinn eines theologischen Satzes nichts über empirische Phänomene aussagt, jedoch - als mittelbarer - auf empirische Phänomene angewandt werden kann (und es im Rahmen kirchlicher Praxistheorie auch faktisch wird), so ist eben diese Beziehung zwischen unmittelbaren theologischen und mittelbaren empirischen Sinn (eines theologischen Satzes) aufzuhellen. Es geht hierbei um die Bestimmung derjenigen (inhaltlichen oder formalen) Charakteristika theologischer Sachverhalte, die einen Bezug zur empirischen Welt ermöglichen. Diese Charakteristika (soferne welche gefunden werden können) bilden gewissermaßen die 'Brücke', auf der von theologischen Sachverhalten zu empirischen Sachverhalten übergegangen werden kann. Daß sie in einer Theorie der Applikation umfassende Berücksichtigung finden müssen, versteht sich von selbst; sie sollen an dieser Stelle allerdings nur andeutungsweise erörtert werden.

Hier, wo es ja in erster Linie um die Darstellung des Grundsätzlichen im Verhältnis theologischer und empirischer Sätze geht, muß die Behandlung der Detailfragen ausgeklammert werden. Zudem sind in dieser Angelegenheit erst tiefergehende Studien erforderlich, auf denen eine wirklich umfassende Darstellung aufbauen könnte.

3. Um nun die Frage zu klären, welche inhaltlichen oder formalen Charakteristika theologischer Sätze es erlauben, den (von ihnen behaupteten) theologischen Sachverhalt auf die empirische Welt zu beziehen, ist es zunächst naheliegend, theologische Sätze hinsichtlich ihrer logischen 'Binnenstruktur' zu untersuchen: inwieweit die logischen Elemente des Satzes - die Begriffe - solche 'Angriffspunkte' abgeben, an denen die Vermittlung von theologischen zu empirischen Sachverhalten ansetzen kann.

Die theologischen Sätze bilden untereinander ein System von theologischen Feststellungen über ihre Gegenstände. Theologische Feststellungen - das heißt: einem bestimmten Objekt wird ein theologisches Prädikat zugeordnet bzw. zwischen mehreren Objekten wird das Bestehen einer theologischen Relation behauptet. Die theologischen Feststellungen bilden einen eigenständigen Bereich - man könnte sagen: eine eigene Welt - für sich, indem sie über bestimmte Objekte oder deren Beziehungen theologische Qualifikationen aussagen. Wenn nun gesucht wird, in welcher Weise die theologischen Feststellungen auf die empirische Welt Bezug nehmen, so lassen sich zumindest drei solcher Bezugnahmen erkennen:

a.) Offensichtlich sind einige Objekte, von denen theologische Qualifikationen ausgesagt werden, empirischer Natur: beispielsweise Menschen, menschlichen Gemeinschaften, Handlungen, u.ä. Dies ist beispielsweise der Fall in den Sätzen: "Jeder Mensch wird von Gott geliebt" oder "Verzeihen ist eine Tugend". "Mensch" und "Verzeihen" beziehen sich hierbei auf empirisch gegebene Objekte

(Lebewesen bzw. Handlungen). In diesen Fällen wird also die Beziehung der theologischen Sachverhalte zur empirischen Welt durch bestimmte Objekte dieser Welt gegeben, über die theologische Qualifikationen ausgesagt werden. Die Beziehung der theologischen zu den empirischen Sätzen verläuft in einem solchen Fall <u>über die gleiche Extension einzelner Begriffe</u> (im obigen Beispiel: "Mensch" und "verzeihen"); d.h. einzelne Begriffe, die sowohl in theologischen wie auch empirischen Sätzen vorkommen, bezeichnen die gleichen Objekte und haben somit die selbe Extension. Natürlich sind nicht alle Objekte, über die theologische Qualifikationen ausgesagt werden, empirischer Natur (z.B. Gott, Sündenfall), aber zumindest bei einigen verhält sich dies so. Das bedeutet, daß in einigen Fällen die Beziehung zwischen einem theologischen und einem empirischen Satz - insofern sie für die Bedeutungskorrespondenz dieser beiden Sätze von Belang ist - (unter anderem) durch die identische Extension einzelner Begriffe hergestellt wird. Beide Sätze haben hierbei das selbe Referenzobjekt; dies muß bei einer Applikation berücksichtigt werden.

b.) Die Prädikate bzw. Relationen, die in theologischen Sätzen Verwendung finden, haben ihrerseits vielfach eine inhaltliche Ähnlichkeit mit Prädikaten und Relationen empirischer Art. Dies gilt beispielsweise in Sätzen wie: "Die christliche Gemeinde ist eine Gemeinschaft", "Der Papst ist das Oberhaupt der Kirche", "Jeder Christ soll seinen Nächsten wie sich selbst lieben" u.a. In diesen Sätzen drücken die Begriffe "Gemeinschaft", "Oberhaupt", "lieben" einen Sinn aus, der - als theologischer! - gewissen empirischen Gegebenheiten gleich oder ähnlich ist. Denn mit "Gemeinschaft" wird auch eine Eigenart bestimmter empirischer Sozialgebilde bezeichnet, ebenso wie mit "Oberhaupt" Funktionen bzw. Ämter bezeichnet werden und mit "lieben" Beziehungen, die im empirischen Kontext vorkommen. In dieser Hinsicht verläuft die Beziehung theologischer zu empirischen Sätzen <u>über die gemeinsame Intension einzelner Begriffe</u> - also über die (wesentlichen) Merkmale von

Begriffen, die sowohl zur Darstellung theologischer Sachverhalte wie auch empirischer Sachverhalte verwendet werden. Auch hier gilt (wie für die unter a.) besprochene gemeinsame Extension von Begriffen), daß nur einige theologische Begriffe die Gemeinsamkeit der Intension mit empirischen Begriffen besitzen, andere (wie beispielsweise "Gnade", Erlösung" "Sakrament",...) haben eine solche nicht. Dort aber, wo die Gemeinsamkeit der Intension vorliegt, muß die Applikation von theologischen und empirischen Sätzen diese in Betracht ziehen.

c.) Eine weitere Form, in der sich theologische Sachverhalte auf die empirische Welt beziehen, ist die ihrer Intention: (zumindest einige) theologische Sätze intendieren, auf die empirische Welt bezogen zu werden. Wie dies im genaueren zu verstehen ist, bedarf einer Erläuterung: Theologische Sätze behaupten zwar primär einen spezifisch theologischen Sachverhalt, einige von ihnen beabsichtigen aber zugleich, daß dieser Sachverhalt eine Entsprechung in empirischer Hinsicht findet. Natürlich ist es nicht so, daß die Sätze selbst dies beabsichtigen - Sätze sind keine mit Willen ausgestatteten Subjekte -; jedoch die Glaubensgemeinschaft, die diese Sätze als wahr anerkennt, verleiht ihnen diese Intention. Jede Glaubensgemeinschaft versteht ja ihre theologischen Sätze so, daß diese (auch) eine Beziehung zu den konkreten (empirisch gegebenen) Umständen haben, unter denen sie lebt. Dies kommt zum Ausdruck in normativen Prinzipien wie beispielsweise: "Der Glaube soll das Leben prägen" (oder ähnlichen), die in allen Glaubensgemeinschaften Gültigkeit haben. Eben diese Prinzipien drücken die Intention theologischer Sätze aus, für die Gestaltung diverser Lebensbereiche (soziale Beziehungen, Handlungen,...) relevant zu sein und sich somit auf die empirische Welt zu beziehen. In diesem Sinn haben theologische Sätze, wenn auch keine unmittelbare, so doch eine mittelbare empirische (Aussage)-Intention. Dies läßt sich an einigen Beispielsätzen verdeutlichen: "Es gibt nur einen Gott", "Glauben ist eine Tugend", "Wer verzeiht, dem wird auch von Gott verziehen" -

solche Sätze lassen erkennen, daß sie - zwar als theologische verfaßt und begründet - dennoch auch zu empirischen Phänomenen in einer Beziehung stehen wollen: "Es gibt nur einen Gott" intendiert - zugleich mit der Darstellung eines theologischen Sachverhalts - die Unterbindung eines Verhaltens, das auf die Verehrung vieler Götter gerichtet ist; "Glauben ist eine Tugend" intendiert die Aufforderung an die Menschen, zu glauben; ähnliches gilt für das genannte "verzeihen". Natürlich werden nicht allen theologischen Sätzen von den Glaubensgemeinschaften derartige empirische Aussageintentionen gegeben; jedoch haben die meisten (oder zumindest sehr viele) der Sätze diese formale Charakteristikum an sich: daß sie für Interpretation und Gestaltung empirischer Phänomene herangezogen werden können.

4. Diese Ausführungen zeigen, daß theologische Sätze zwar eine Welt für sich bilden, daß sie aber zugleich bestimmte Charakteristika besitzen, die ihre Beziehung zur empirischen Welt ermöglichen. Diese Charakteristika bilden eine sehr wichtige Voraussetzung dafür, daß theologische Sätze mit empirischen Sätzen in Beziehung gebracht werden können. Die Feststellung dieser Charakteristika sowie der Weise, in der sie sich zur empirischen Welt verhalten, ist eine Aufgabe, die hinsichtlich ihrer allgemeinen theoretischen Prinzipien und Grundlagen im Rahmen einer Theorie der Applikation zu behandeln ist.

5.3. Empirische Theorien in der Praktischen Theologie

1. Wie sieht nun eine empirische praktisch-theologische Theorie konkret aus, soferne anhand eines normativen Konzepts der Applikation theologische Sätze in empirische transformiert werden können? Wie bereits angedeutet, besteht eine solche Theorie nicht zugleich aus theologischen und empirischen, sondern ausschließlich aus empirischen Sätzen. "Empirisch" bedeutet in diesem Zusammenhang soviel wie: "sich auf die empirisch erfahrbare Wirklichkeit be-

ziehend". Eine praktisch-theologische Theorie umfaßt dann mindestens folgende Sätze:

a.) Zustandsbeschreibungen der aktuellen Praxis, welche durch empirische Untersuchung erhoben wurden. Beispiel: "10% der Bewohner der Stadt X besuchen regelmäßig den Sonntagsgottesdienst";

b.) Zielbeschreibungen der kirchlichen Praxis, welche durch Applikation aus theologischen Sätzen gewonnen wurden. Obwohl die Ziele der kirchlichen Praxis (hinsichtlich ihrer Gültigkeit) nicht empirisch überprüft werden können, können sie jedoch (hinsichtlich ihrer Beschaffenheit) als empirische Ereignisse oder Zustände beschrieben werden. Beispiel: "In der christlichen Gemeinde besteht bei allen Mitgliedern die Überzeugung der Zusammengehörigkeit" (durch Applikation gewonnen z.b. aus dem theologischen Satz "Christen sind untereinander wie Brüder und Schwestern");

c.) Beschreibungen von Mittel-Zweck-Zusammenhängen (kurz: Mittel-Zweck-Beschreibungen), welche empirisch überprüfbar sind. Es handelt sich hierbei um Behauptungen über den Zusammenhang von Mitteln und Zwecken in der Weise: Wenn das Mittel A angewendet wird, dann wird der Zweck B dadurch erreicht. Eine Mittel-Zweck-Beschreibung stellt eine implikative Verknüpfung eines Satzes, der ein Ziel beschreibt (wie unter b.)) und eines Satzes, der ein (vermuteterweise) geeignetes Mittel beschreibt, dar. Durch eine (probeweise) empirische Realisierung dieses Zusammenhangs kann überprüft werden, ob er wirklich besteht (ob die Anwendung 'funktioniert') oder nicht. Ein Beispiel wäre: "Wenn in einer Gemeinde der Pfarrer vermehrt Hausbesuche unternimmt, steigt die Zahl der Gottesdienstbesucher".

Empirische praktisch-theologische Theorien beinhalten also zumindest diese drei verschiedenen Arten von Sätzen, die alle auf empirische

Gegebenheiten bezogen sind: als Zustandsbeschreibungen, als Zielbeschreibungen und als Mittel-Zweck-Beschreibungen.

Zustandsbeschreibungen werden durch empirische Untersuchungen gefunden, die teils von Praktischen Theologen selbst, teils auch von anderen Institutionen (staatliche Statistikämter, Meinungs- und Sozialforschungsinstitute, u.a.) durchgeführt werden. Es handelt sich hierbei um Sätze, die die faktische Beschaffenheit kirchlicher Praxis oder auch ihrer (relevanten) Bedingungen (sozialer, psychologischer, ökonomischer,... Art) beschreiben. Diese Sätze werden in der Praktischen Theologie benötigt, um die Umstände und Bedingungen zu kennen, unter denen die (Neu-)Gestaltung kirchlicher Praxis vorgenommen wird.

Die Zielbeschreibungen stellen in erster Linie den handlungsleitenden Gehalt einer Praxistheorie dar. Sie werden für die kirchliche Praxis durch die Herstellung von Applikationsbeziehungen zwischen theologischen und empirischen Sätzen gewonnen. Dem vorausgehend steht das Bemühen der Praktischen Theologie, im Rahmen ihrer theologischen Theorien ('theologische Ebene' im Schema auf S.109) theologische Aussagen über die kirchliche Praxis zu treffen: über deren (theologische) Intentionen, Charakteristika, über ihr Wesen und ihren theologischen Gehalt (z.B. theologische Prinzipien und Charakteristika des seelsorgerlichen Handelns, der Verkündigung, der Mission, etc.). Diese - zuerst rein theologisch verfaßten - Aussagen über die kirchliche Praxis werden via Applikations- beziehung in empirische Sätze transformiert, in denen dann die theologischen Bestimmungen der Praxis als empirische Ereignisse oder Zustände beschrieben werden. Dies ist aber nicht so zu verstehen, als würden empirische Zielbeschreibungen bereits faktisch bestehende Zustände ausdrücken; vielmehr beschreiben sie einen idealen (oder wünschenswerten) Zustand kirchlicher Praxis in einer empirischen Sprache - so wie er sich als empirisches Ereignis darstellen würde.

Zielbeschreibungen haben in erster Linie die Funktion, das Handeln der Mitglieder einer Glaubensgemeinschaft normativ zu lenken. Sie sind deshalb (zumindest der Intention nach) als normative oder wertende Sätze verfaßt. Sie schreiben vor, was der Fall sein sollte: wie ein Zustand beschaffen sein oder sie ein Prozeß verlaufen soll. An dieser Beschreibung können sich die Mitglieder der Glaubensgemeinschaft orientieren, wenn sie selbst handeln und ihr Handeln untereinander abstimmen.

Zugleich ermöglichen Zielbeschreibungen eine Beurteilung der kirchlichen Praxis: durch den Vergleich der aktuellen Beschaffenheit einer bestimmten Praxis mit ihren Zielvorgaben kann festgestellt werden, inwieweit diese Praxis ihren Bestimmungen entspricht bzw. inwieweit sie als 'mangelhaft' oder 'defizitär' zu beurteilen ist. Eine solche Feststellung - in der praktisch-theologischen Literatur häufig als '(theologische') Gegenwartsanalyse' ausgewiesen, ist ihrerseits Voraussetzung für weitere Maßnahmen, die eine Glaubensgemeinschaft zur (Um)Gestaltung ihrer bestehenden Praxis treffen möchte.

Diejenigen Sätze, die innerhalb der empirischen Theorien der Praktischen Theologie als Zielbeschreibungen kirchlicher Praxis fungieren, gewährleisten zugleich den Bezug zur theologischen Theorie. Sie werden hinsichtlich ihrer Gültigkeit durch einen diesbezüglichen Beschluß der Glaubensgemeinschaft in Kraft gesetzt. Von ihnen gilt, was mit der Formulierung der vier Applikationsprinzipien gefordert wurde: daß sie die logischen Beziehungen der theologischen Sätze, denen sie zugeordnet sind, widerspiegeln. Damit soll - unter der Voraussetzung, daß die theologische Theorie selbst widerspruchsfrei ist - verhindert werden, daß innerhalb der Zielbeschreibungen der empirischen Theorie Widersprüche auftreten.Es hätte nämlich für die Praktische Theologie absurde Konsequenzen, wenn ihre Theorien widersprüchliche Zielbeschreibungen enthielten. Durch die Akzeptanz der Applikationsprinzipien bzw. durch ihre Beachtung verfügt die

Praktische Theologie jedenfalls über ein Instrument, das theorie-
interne Diskrepanzen bei der Herstellung von Applikationsbeziehungen zu vermeiden erlaubt.

Um nun die Ziele der kirchlichen Praxis verwirklichen zu können, ist
es erforderlich, Aussagen darüber zu treffen, durch welche
Maßnahmen diese Ziele erreicht werden können. Das geschieht in
Form der Mittel-Zweck-Behauptungen, die im Rahmen praktisch-
theologischer Theorien erstellt werden. Eine wichtige Aufgabe der
Praktischen Theologie ist es nämlich, bewährte Mittel-Zweck-
Behauptungen zu finden, d.h. Feststellungen darüber, daß ein
bestimmtes Mittel zuverlässig zum Erreichen eines bestimmten Zieles
führt. Die Auffindung bewährter Mittel-Zweck-Behauptungen
geschieht - dem Prinzip nach - in folgenden Schritten: zuerst wird das
zu erreichende Ziel (als empirische Zielbeschreibung, wie oben
dargestellt) formuliert; dieses Ziel wird applikativ aus theologischen
Sätzen gewonnen. Dann wird ein geeignetes Mittel (z.B. eine
Handlung) beschrieben, durch welches das Eintreten des Ziels
erreicht werden soll. Das Mittel wird ebenfalls (zumindest häufig,
wenn auch nicht immer) durch Applikation aus theologischen Sätzen
gewonnen. In Form einer 'praktischen Hypothese' wird nun der
Zusammenhang zwischen Mittel und Ziel möglichst präzise (eventuell
quantitativ) zum Ausdruck gebracht. Zugleich werden die
Randbedingungen angegeben, die erfüllt sein müssen, damit der
(angenommene) Zusammenhang zwischen Mittel und Ziel besteht. Ist
dies alles - mit hinreichender Konkretion und Genauigkeit! -
geschehen, so wird in einem nächsten Schritt durch eine empirische
Versuchsanordnung (z.B. ein Quasi-experiment) überprüft, ob der
angenommene Mittel-Zweck-Zusammenhang tatsächlich besteht; ob
also, wenn das beschriebene Mittel unter den beschriebenen
Bedingungen angewendet wird, der prognostizierte Erfolg (das Ziel)
tatsächlich eintritt.

Ist dies nicht der Fall, so muß die untersuchte Mittel-Zweck-Behauptung als 'unbewährt' betrachtet werden; sie ist demnach für die systematische und planvolle Gestaltung kirchlicher Praxis nicht geeignet. Üblicherweise wird man sie verwerfen; jedoch ist es denkbar, daß sie neuerdings überprüft wird: unter geänderten Randbedingungen oder modifizierter Zielbschreibung, o.ä.

Tritt der prognostizierte Erfolg ein, so gilt die Mittel-Zweck-Behauptung als vorläufig 'bewährt'. Ihr Einsatz bei der systematischen und planvollen Gestaltung kirchlicher Praxis kann also (vorläufig) empfohlen werden, natürlich nur unter den Bedingungen, unter denen sie erprobt wurde, und unter dem Vorbehalt, daß es sich um eine nur *vorläufig* bewährte Mittel-Zweck-Behauptung handelt. Der wirkliche Grad ihrer Bewährung kann erst allmählich festgestellt werden, nachdem sie mehrmals (oder oftmals) und unter verschiedenen Bedingungen erprobt wurde. Als wirklich 'bewährte' Mittel-Zweck-Behauptungen - welche zu finden eine vordringliche Aufgabe der Praktischen Theologie ist - können nur solche gelten, deren behaupteter Mittel-Zweck-Zusammenhang bereits sehr oft empirisch nachgewiesen werden konnte. Jedoch bleibt offen, daß auch lange Zeit bewährte Mittel-Zweck-Behauptungen eines Tages nicht mehr bewährbar sind; daß also der Mittel-Zweck-Zusammenhang, wie er von ihnen ausgesagt wird, in der Realität nicht mehr besteht. Sie scheiden dann aus der praktisch-theologischen Theorie aus.

2. Mit der Darstellung derjenigen Sätze, die in der Praktischen Theologie gebildet werden, verbindet sich eine Auflistung der Aufgaben, die in diesem Zusammenhang in der Praktischen Theologie verfolgt werden. Die allgemeine Bestimmung der Aufgabe dieser Disziplin könnte man etwa so fassen: die systematische und planvolle Gestaltung der kirchlichen Praxis in theoretischer Hinsicht.

Diese Bestimmung läßt sich dahingehend konkretisieren, daß die (Forschungs-) Tätigkeit in der Praktischen Theologie zu dem Zweck ausgeführt wird, daß wahre bzw. bewährte Sätze ("in theoretischer Hinsicht") gefunden werden, welche in gegenseitigem (z.B. in logischem) Zusammenhang stehen ("systematisch") und welche nach ausgewiesenen Kriterien ("planvoll") dasjenige Handeln von Kirchenmitgliedern, das als kirchliche Praxis qualifiziert ist, anleiten.

Diese - immer noch recht allgemeine - Bestimmung kann ihrerseits in mehrere Einzelkomponenten aufgegliedert werden. Als Aufgaben der Praktischen Theologie ergeben sich, was die oben beschriebenen Sätze betrifft, im einzelnen folgende:

a.) die Systematisierung der theologischen Sätze, die über kirchliche Praxis Aussagen machen bzw. die für die Gestaltung kirchlicher Praxis relevant sind. ('theologische Ebene' im Schema auf S.109) Dies geschieht dadurch, daß in theologischen Quellen diese Sätze gesucht, ihr (theologischer) Sinn erörtert, ihre logischen Beziehungen untereinander geklärt werden. Ergebnis dieser Tätigkeit sind theologische Theorien über einzelne Praxisbereiche, wie z.B. Pädagogik, Pastoraltheologie, Liturgik, Homiletik, Diakonik, etc.;

b.) die applikative Zuordnung von empirischen Sätzen zu denjenigen Sätzen der theologischen Theorien, die für die konkrete Gestaltung kirchlicher Praxis (ihrer Intention nach) bestimmend sind. Dabei werden die theologischen Charakteristika kirchlicher Praxis als empirische formuliert; dies geschieht gemäß der oben erörterten Weise der In-Bezug-Setzung theologischer und empirischer Sätze (z.B. im formalen Rahmen eines hermeneutischen Diskurses, bei dem sich die Teilnehmer darauf einigen, gemäß gewissen Regeln theologische und empirische Sätze einander zuzuordnen). Strikte genommen ist die Aufgabe der Praktischen Theologie hierbei weniger die der In-Bezug-Setzung selber, sondern die der Schaffung der theoretischen Bedingungen und Grundlagen für die In-Bezug-Setzung:

so etwa die Ausarbeitung der (wie immer gearteten) Regeln, die bei der In-Bezug-Setzung zu beachten sind, sowie die Formulierung der organisatorischen und verfahrenstechnischen Kriterien für die Herstellung von Applikationen, etc.;

c.) die empirische Erforschung der aktuellen kirchlichen Praxis. Dadurch werden - interessengeleitet - spezifische empirische Daten erhoben, die im Zusammenhang mit der Gestaltung kirchlicher Praxis von Wichtigkeit sind.[79] In diesem Aufgabenbereich geht die Praktische Theologie hinsichtlich der verwendeten Methodik wie auch hinsichtlich der Theoriebildung gleich vor wie andere empirische Wissenschaften[80];

d.) die Findung bewährter Mittel-Zweck-Beschreibungen. In dieser Angelegenheit wird die Praktische Theologie zu einer hypothesenprüfenden Disziplin, indem sie die Effizienz einzelner Handlungen bei Erreichung von Zielen erprobt. Das übliche methodische Vorgehen zur Überprüfung von Hypothesen über kausale oder implikative Zusammenhänge ist das Experiment. Ein experimentelles Vorgehen ist bei Fragestellungen der Praktischen Theologie aber sicherlich schwierig, da sich kirchliche Praxis innerhalb sehr

---

[79] Empirische Daten zur aktuellen Beschaffenheit kirchlicher Praxis werden in vielfacher Hinsicht benötigt: Einerseits sind sie Voraussetzung, um die aktuelle kirchliche Praxis (hinsichtlich ihres Gelingens) beurteilen zu können: durch den Vergleich der Zielbestimmungen dieser Praxis mit ihrer faktischen Beschaffenheit ist es möglich, eine 'Diagnose' kirchlicher Praxis zu geben: inwieweit sie mangelhaft oder defizitär ist... Auch die '(theologische) Gegenwartsanalyse' - die Beurteilung, was ein bestimmter (sozialer, politischer, ökonomischer, ideologischer,...) Zustand für die kirchliche Praxis bedeutet - setzt Informationen empirischer Art über den zu analysierenden Gegenstand voraus. Weiters werden empirische Informationen benötigt, um die Planung und Durchführung von Maßnahmen zur Neu- oder Umgestaltung der Praxis zweckmäßig betreiben zu können (z.B. Angaben über Verhaltensweisen der Einstellungen von Menschen, auf welche die Maßnahmen hinzielen). Und schließlich sind empirische Untersuchungen besonders bedeutsam für die Evaluation der Praxisentwicklung: hierbei werden Studien darüber geführt, inwieweit die Entwicklung kirchlicher Praxis dergestalt verläuft, wie es (beispielsweise in Pastoralplänen) vorgesehen ist. Dabei wird erhoben, ob die (z.B. im Pastoralplan formulierten) Zielbestimmungen infolge der getroffenen Maßnahmen eingetreten sind - ob sich also die kirchliche Praxis in der Weise entwickelt hat, wie es offiziell beabsichtigt war, oder nicht - und, wenn letzteres der Fall ist, welche Einflußfaktoren dafür verantwortlich gemacht werden können.
[80] Wie es beispielsweise in Van der Ven (1990) exemplifiziert ist.

komplexer Vernetzungen mit anderen (sozialen, psychischen, politischen, ökonomischen,...) Faktoren ereignet. Werden demnach Zusammenhänge zwischen einzelnen Handlungen und ihren Auswirkungen in der Praktischen Theologie experimentell untersucht, so können dabei meist nicht alle Variablen kontrolliert werden, die hierbei einen Einfluß ausüben. Insofern also eine vollständige Kontrolle aller 'Störvariablen' nicht möglich ist, ist das methodische Verfahren, das hier angewendet wird, allenfalls als Quasi-experiment zu bezeichnen. Dennoch kann zumindest innerhalb einfacher Zusammenhänge (zwischen Handlungen und deren Auswirkungen) - also im 'Mikrobereich' kirchlicher Praxis - die experimentelle Testung interessante und aufschlußreiche Erkenntnisse erbringen. Da die systematische Überprüfung von Mittel-Zweck-Zusammenhängen bisher in der Praktischen Theologie noch wenig Platz einnimmt, soll zu ihrer Bedeutung für diese Disziplin im folgenden einiges gesagt werden.

3. Man sollte meinen, daß die Relevanz einer Disziplin, die sich als praktische bezeichnet, im besonderen darin liegt, daß sie bewährte praktische Sätze behaupten kann - daß also diejenigen Sätze, die sie als spezifisch ihre Erkenntnisse ausgibt, sich dadurch auszeichnen, daß ihre Anwendung zu praktischem Erfolg führt (und zwar genau in der Weise, wie es durch den Satz ausgesagt wird).

In der Tat trifft die Praktische Theologie eine Vielzahl von Mittel-Zweck-Beschreibungen, etwa der Art: "Wenn der Prediger den Hörer innerlich erreichen will, muß er in einer lebensnahen Sprache predigen", oder: "Wenn der Katechet den Unterricht glaubwürdig gestalten will, muß er persönliche Autorität ausstrahlen" usw. Eine bewährte Mittel-Zweck-Beschreibung ist nun eine solche, von der erwiesen ist, daß der von ihr behauptete Zusammenhang von Mittel und Zweck wirklich besteht.

Nun ist es so, daß das einzige Kriterium, das über die Bewährbarkeit von solchen Sätzen entscheiden läßt, ihre empirische Überprüfung ist. Demnach müssen auch die jeweiligen Behauptungen, die in der Praktischen Theologie über Mittel-Zweck-Relationen gemacht werden, an der Realität erprobt werden: ob der von ihnen vorgestellte Mittel-Zweck-Zusammenhang tatsächlich besteht und folglich die Anwendung des Mittels - mit einem gewissen Maß an Wahrscheinlichkeit - zur Erreichung des Zwecks führt oder nicht. Allein die empirische Erprobung kann diesbezüglich Auskunft geben; wird sie nicht vorgenommen, kann man einen gegebenen Satz unmöglich als wahr oder falsch bzw. als bewährt oder nicht bewährt beurteilen und deshalb auch nicht (z.B. für den weiteren Aufbau einer Theorie der Seelsorge) verwenden.

Nun ist das Ziel der praktisch-theologischen Disziplinen ja nicht, irgendwelche oder möglichst viele Sätze zu finden, sondern wahre bzw. bewährte. Ihre Aufgabe stellt sich in dieser Hinsicht so dar, daß sie aus einer großen Menge von Sätzen diejenigen 'herauszufiltern' hat, die für das Handeln der Mitglieder der Glaubensgemeinschaft von 'technischem' Wert sind. Das sind also Sätze, die durch die Angabe von Mittel-Zweck-Zusammenhängen die zuverlässige Herbeiführung eines bestimmten Ereignisses ermöglichen. Ob nun ein Satz zur Gruppe der 'technisch' brauchbaren Sätze gehört oder nicht, kann - wie gesagt - ausschließlich durch seine empirische Überprüfung festgestellt werden; wenn aber eine praktisch-theologische Disziplin zwar Sätze erstellt, sie aber nicht in dieser Hinsicht überprüft, wird sie ihrer Aufgabe nicht gerecht und ist außerstande, über Wahrheit oder Falschheit der von ihr behaupteten Sätze zu befinden. Damit steht aber auch ihre Relevanz in Frage; denn zum bloßen Erstellen origineller, phantasievoller oder plausibler Behauptungen genügt zumeist der Genius des praxisnahen Laien. Dadurch, daß sie ihre Sätze auch zu überprüfen versteht, unterscheidet sich eine wissenschaftliche Praktische Theologie von derjenigen, die der Laie betreibt.

Leider wird diese Überprüfung aber häufig nicht erbracht. Damit wird zugleich auf ein wichtiges Mittel wissenschaftlicher Kritik verzichtet, anhand dessen wahre und falsche Sätze unterschieden und letztere aus der Praktischen Theologie ausgeschieden werden können. Dieser Verzicht bedeutet für die wissenschaftliche Praktische Theologie einen schweren Nachteil. Denn: wenn die praktisch-theologischen Disziplinen sich damit begnügen, Behauptungen zu erstellen, ohne sie im weiteren auf ihre Wahrheit oder Bewährbarkeit zu überprüfen, dann ist leicht möglich, dabei nach Willkür zu verfahren: bald wird dies, bald jenes behauptet; oder gar: sowohl dies als auch jenes. In der Folge bemißt sich das Gewicht, das diesen Behauptungen zuerkannt wird, möglicherweise an der Originalität der Behauptung oder an ihrer Plausibilität, oder auch an der Autorität ihres Urhebers.

Dies alles aber ist nicht geeignet, zu einem wirklichen Fortschritt in diesen Disziplinen beizutragen - nämlich derart, daß man von immer mehr Sätzen immer besser wüßte, ob sie - im Sinn dieser Disziplin - bewährbar sind oder nicht.

10. Immerhin erheben die Disziplinen der Praktischen Theologie für sich den Anspruch einer Relevanz bezüglich der Handlungen der Mitglieder ihrer Glaubensgemeinschaft. Sie beanspruchen, daß in den von ihnen formulierten Sätzen wichtige und unverzichtbare Feststellungen getroffen werden, sodaß - würden diese Feststellungen nicht getroffen - die Handlungen der Mitglieder der Glaubensgemeinschaft auf defizitäre Weise beeinträchtigt wären.

Nun hat sich die kirchliche Praxis viele Jahrhunderte lang ohne die explizite Anleitung durch wissenschaftliche Disziplinen ereignen können. Dies mag als Hinweis erscheinen, daß das Bestehen und Gelingen kirchlicher Praxis nicht von diesen Disziplinen allein abhängen, nicht einmal auf sie angewiesen sind. Aber nun, da es solche Disziplinen einmal gibt, sollten sie doch - als eine Chance für kirchliche Praxis - hinsichtlich ihrer Möglichkeiten wahrgenommen werden. Die wissenschaftliche Erforschung einer - beliebigen - Praxis kann auf jedem Fall dazu dienen, daß das, was sonst nur vage und allmählich erkannt wird (oder gar verborgen bleibt), rasch und deutlich ans Tageslicht gehoben wird.

Anhang A: Formalisierungssymbole

1.) Logische Zeichen: -   :   nicht (Negation)
.   :   und (Konjunktion)
v   :   oder (Disjunktion)
->   :   wenn - dann (Implikation)
<->   :   genau dann wenn (Äquivalenz)

∀   :   alle (Allquantor)
∃   :   es gibt (Existenzquantor)

2.) Repräsentierungslegende:

D = {i: i ist ein <u>Satz</u> oder i ist eine <u>Glaubensgemeinschaft</u>}

E = {i: i e D und i ist ein <u>empirischer Satz</u>}

GI = { <i,j> : i,j e D und der Satz i wird durch <u>Glaube I</u> der Glaubensgemeinschaft j anerkannt/abgelehnt}

I = {i: i e D und i ist ein (zu seiner Begründung) <u>auf eine Instanz verwiesener Satz</u>}

T = {i: i e D und i ist ein <u>theologischer Satz</u>}

Ü = {i: i e D und i ist ein (mit empirischen Methoden) <u>überprüfbarer Satz</u>}

3.) Sonderzeichen:

"**A**" :   Applikationsindikator; bezeichnet die Beziehung der Bedeutungsäquivalenz bzw. Bedeutungskongruenz zwischen einem theologischen und einem empirischen Satz.

"**A̸**" :   negierter Applikationsoperator; zeigt an, daß eine (behauptete) Bedeutungsäquivalenz bzw. -kongruenz zwischen einem theologischen und einem empirischen Satz falsch ist.

Anhang B: Literatur

Arnold, Franz X. / **Rahner**, Karl / **Schurr**, Viktor / **Weber**, Leonhard M, (Hg.), Handbuch der Pastoraltheologie, Bd. I, Freiburg-Basel-Wien 1964;

Ayer, Alfred J., Sprache, Wahrheit und Logik, Stuttgart 1970;

Beilner, Wolfgang, Zum Status der Theologie als Wissenschaft heute, in: Morscher / Neumaier / Zecha (1981, 143ff.);

Bochenski, Joseph M., Logik der Religion, Köln 1968;

Crombie, Ian M., Die Möglichkeit theologischer Aussagen, in: Dalferth (1974, 96ff.);

Dalferth, Ingolf U., (Hg.), Sprachlogik des Glaubens, München 1974;

Flew, Anthony, Theologie und Falsifikation, in: Dalferth (1974, 92ff);

Fries, Heinrich, Fundamentaltheologie, Graz-Wien-Köln 1985;

Gatzemeier, Matthias, Theologie als Wissenschaft? Bd.II: Wissenschafts- und Institutionenkritik, Stuttgart-Bad Cannstatt 1975;

Grabner-Haider, Anton, Theorie der Theologie als Wissenschaft, München 1974;

Greinacher, Norbert, Das Theorie-Praxis-Problem in der Praktischen Theologie, in: Klostermann / Zerfaß (1974, 103ff.);

Gremmels, Christian, Das Problem theologischer Gegenwartsanalyse, in: Klostermann / Zerfaß (1974, 244ff.);

Habermas, Jürgen, Moralbewußtsein und kommunikatives Handeln, Frankfurt/M. 1983;

Habermas, Jürgen, Vorstudien und Ergänzungen zur Theorie des kommunikativen Handelns, Frankfurt/M. 1984;

Hare, Richard M., Theologie und Falsifikation, in: Dalferth (1974, 87ff);

Hick, John, Theologie und Verifikation, in: Dalferth (1974, 146ff.);

Kehl, Medard, Hinführung zum christlichen Glauben, Mainz 1984;

Klinger, Elmar, Ekklesiologie der Neuzeit, Freiburg im Breisgau 1978;

Klostermann, Ferdinand / **Zerfaß**, Rolf, (Hg.), Praktische Theologie heute, München 1974;

Krauth, Lothar, Die Philosophie Carnaps, Wien-New York 1970;

Mette, Norbert, Theorie der Praxis, Wissenschaftsgeschichtliche und methodologische Untersuchungen zur Theorie-Praxis-Problematik innerhalb der praktischen Theologie, Düsseldorf 1978;

Morscher, Edgar, Das Basisproblem in der Theologie, in: Weinzierl (1974, 343ff.);

Morscher, Edgar / **Neumaier**, Otto / **Zecha**, Gerhard (Hg.), Philosophie als Wissenschaft, Bad Reichenhall 1981;

Otto, Gerd, (Hg.), Praktisch-Theologisches Handbuch, Hamburg 1970;

Otto, Gerd, Grundlegung der Praktischen Theologie, München 1986;

Pannenberg, Wolfhart, Wissenschaftstheorie und Theologie, Frankfurt/M. 1973;

Peukert, Helmut, Wissenschaftstheorie - Handlungstheorie - Fundamentaltheologie, Frankfurt/M. (2. Aufl.) 1988;

Phillips, Dewi Z., Religiöse Glaubensansichten und Sprachspiele, in: Dalferth (1974, 258ff);

Rahner, Karl, Schriften zur Theologie, Bd. IX, Einsiedeln-Zürich-Köln 1970;

Rahner, Karl / **Vorgrimmler**, Herbert, (Hg.), Kleines Konzilskompendium, Freiburg-Basel-Wien (21. Aufl.) 1989;

Ratzinger, Joseph, Theologische Prinzipienlehre, München 1982;

Sauter, Gerhard, Die Theologie und die neuere wissenschaftstheoretische Diskussion, München 1973;

Schröer, Henning, Forschungsmethoden in der Praktischen Theologie, in: Klostermann / Zerfaß (1974, 206ff.);

Skirbekk, Gunnar, (Hg.), Wahrheitstheorien, Eine Auswahl aus den Diskussionen über Wahrheit im 20. Jahrhundert, Frankfurt/M. (5.Aufl.) 1989;

Van der Ven, Johannes A., Entwurf einer empirischen Theologie, Kampen 1990;

Weingartner, Paul, Wissenschaftstheorie I, Einführung in die Hauptprobleme, Stuttgart-Bad Cannstatt (2. Aufl.) 1978;

Weingartner, Paul, Wissenschaftstheorie II, Grundlagenprobleme der Logik und Mathematik, Stuttgart-Bad Cannstatt 1976;

Weinzierl, Erika, (Hg.), Der Modernismus, Salzburg 1974;

Wisdom, John, Götter, in: Dalferth (1974, 62ff.);

Zerfaß, Rolf, Praktische Theologie als Handlungswissenschaft, in: Klostermann / Zerfaß (1974, 164ff.);

Zulehner, Paul M., Pastoraltheologie, Bd.1: Fundamentalpastoral, Düsseldorf 1989.

Aus unserem Verlagsprogramm:

Theologie

Peter Eder
Warum mußte Jesus sterben?
Ärgernis und Sinn des Kreuztodes Jesu
Hamburg 1992   /   152 Seiten   /   ISBN 3-86064-063-1

Verena Grüter
Begegnung mit dem göttlichen Du -
Karl Heims Christologie im theologiegeschichtlichen Kontext
Hamburg 1992   /   325 Seiten   /   ISBN 3-86064-094-1

Ernst Feuerbaum
Evolution der Religionen
Hamburg 1992   /   200 Seiten   /   ISBN 3-86064-024-0

Xiaochun Chen
Mission und Kolonialpolitik
Hamburg 1992   /   310 Seiten   /   ISBN 3-86064-018-6

Wolfgang Eckle
Den der Herr liebhatte
Rätsel um den Evangelisten Johannes
Hamburg 1991   /   270 Seiten   /   ISBN 3-925630-72-4

Verlag Dr. Kovač · Postfach 50 08 47 · 2000 Hamburg 50 · Fax: 040 - 389 56 20

DANKE!

...für den Kauf von Wohlfahrtsbriefmarken, Ihrem Porto mit Herz & Verstand.

Arbeiterwohlfahrt		Deutscher Caritasverband
Deutscher Paritätischer Wohlfahrtsverband		Deutsches Rotes Kreuz
Diakonisches Werk der EKD		Zentralwohlfahrtsstelle der Juden in Deutschland

Zeig beim Porto Herz & Verstand:

Kauf Wohlfahrtsbriefmarken

Hilfe, die ihr Ziel erreicht.

Erhältlich bis Ende März bei der Post, ganzjährig bei den Wohlfahrtsverbänden.